J. 1081.
II.

VOYAGE ARCHÉOLOGIQUE

DANS

L'ANCIENNE ÉTRURIE.

OUVRAGES PUBLIÉS PAR M. DOROW.

1. Opferstætte und Grabhügel der Germanen und Rœmer am Rhein. (*Lieux de Sacrifices et Tumulus des Germains et des Romains sur le Rhin*). *Wiesbaden*, 1819 et 1821, in-4°., 2 vol., avec 41 pl. et une carte.

2. Morgenlændische Alterthümer (*Antiquités orientales*). *Wiesbaden*, 1819 et 1821, in-4°., 2 vol., avec 5 planches.

3. Die Denkmale Germanischer und Rœmischer Zeit in den Reinisch-Westphælischen Provinzen. (*Monumens du temps des Germains et des Romains dans les provinces Rhénanes de la Westphalie*). *Stuttgardt*, 1823, et *Berlin*, 1827, in-4°., 2 vol., avec 68 pl. in-fol. (Le deuxième vol. contient les antiquités romaines de Neuwied sur le Rhin).

4. Die Kunst Alterthümer aufzugraben und das gefundene zu reinigen (*L'Art de faire les fouilles et de nettoyer les antiquités trouvées*). *Hamm*, 1823, in-8°.

5. Denkmæler alter Sprache und Kunst, oder Museum für Geschichte, Sprache, Kunst und Geographie (*Monumens de la Langue et de l'Art ancien, ou Muséum pour l'Histoire, la Langue, l'Art et la Géographie*). *Berlin*, 1827, in-8°., fig., 2 vol.

6. Der algemeine central Hospital Verband in Deutschland (*Association générale pour établir un hôpital central en Allemagne*). *Francfort-sur-le-Mein*, 1815, in-8°.

7. Notizie intorno alcuni Vasi Etruschi. *Roma*, 1828, in-8°., fig.

8. Etrurien und der Orient nebst Alb. Thorwaldsen's Darstellung der 1828 entdeckten etrurischen Alterthümer (*L'Étrurie et l'Orient, suivis d'un aperçu donné par M. A. Thorwaldsen sur les antiquités étrusques découvertes en 1828*). *Heidelberg*, 1829, in-8°.

9. Collection d'Antiquités égyptiennes, recueillies par M. le chevalier de Palin, publiée par MM. Dorow et Klaproth. Précédée d'observations critiques sur l'alphabet hiéroglyphique découvert par M. Champollion le jeune, et sur les progrès faits jusqu'à ce jour dans l'art de déchiffrer les anciennes écritures égyptiennes, par M. Klaproth. *Paris*, 1829, in-fol., 1 vol., avec 36 pl.

VOYAGE ARCHÉOLOGIQUE

DANS

L'ANCIENNE ÉTRURIE,

PAR M. LE DOCTEUR DOROW,

Conseiller aulique de S. M. le Roi de Prusse, ancien Directeur de l'Administration des Antiquités dans les provinces du Rhin et de la Westphalie, Membre correspondant de l'Académie Royale d'Ercolanum de Naples, de l'Académie Archéologique de Rome, de la Société Asiatique de Paris, de la Société des Antiquaires de Trèves et de celle de Minden, Membre de la Société Royale Teutonique de Kœnigsberg en Prusse, etc., etc.

AVEC SEIZE PLANCHES,

CONTENANT UNE SUITE D'ANTIQUITÉS TROUVÉES PAR L'AUTEUR OU CONSERVÉES DANS LA GALERIE DE FLORENCE,

TRADUIT DE L'ALLEMAND, SUR LE MANUSCRIT INÉDIT DE L'AUTEUR,

PAR M. EYRIÈS.

PARIS,

MERLIN, LIBRAIRE, QUAI DES AUGUSTINS, N°. 7.

1829.

A

MONSIEUR ALBERT THORWALDSEN,

A ROME,

PAR SON AMI,

GUILLAUME DOROW.

TABLE DES MATIÈRES.

ERRATA.

Page 7, ligne 15, au lieu de *extra rupes,* lisez *Eostra rupes.*
   17,   18,   il y a plus de cinquante figures , *lisez* il y a cinq figures.

PRÉFACE.

L'ouvrage que j'offre au public est le récit d'un voyage dans une partie de l'ancienne Étrurie, rarement visitée par les étrangers, et qui pourtant, par sa haute importance et le vif intérêt qu'elle excite, mérite d'être parcourue. Indépendamment de ce qu'elle est riche en beautés de la nature, l'ami de l'art et de l'antiquité y trouve, pour les recherches dont il s'occupe, des matériaux abondans et à peu près ignorés. Le gouvernement bienveillant et paternel de la Toscane, et la prospérité des sujets qui en est le résultat, produisent partout une impression agréable sur le voyageur, et facilitent ses travaux de toutes les manières. Naturellement laborieux, actifs et propres, les habitans vivent heureux et satisfaits; ils accueillent l'étranger avec l'hospitalité qui distinguait les patriarches. Les routes sont sûres; le vol et l'assassinat sont inconnus dans cette contrée, et la communication entre les villages est rendue facile par les routes communales, qui sont très-bien entretenues.

Les planches lithographiées annexées à cet ouvrage sont principalement consacrées à un genre de monumens de la plus haute antiquité, encore très-peu connus, ou qui même ne le sont pas du tout. Je suis le premier qui en aie parlé, et qui les aie communiqués aux amis de l'archéologie, dans un mémoire écrit à Rome en septembre 1827, intitulé *Notizie intorno alcuni Vasi etruschi,* Pesaro 1828, et accompagné de quelques figures. Comme il est possible que ce mémoire n'ait pas fait beaucoup de bruit hors de l'Italie, je ne manquerai pas, dans l'explication que je vais donner des monumens représentés dans l'ouvrage actuel, de reproduire ce qu'il contient d'essentiel, surtout puisque les opinions que j'ai énoncées se trouvent confirmées par de nouvelles découvertes. M. Raoul-Rochette partage en grande partie mes sentimens relativement à ces vases en terre noire, comme le prouve ce qu'il a dit dans l'excellent cours d'archéologie qu'il a fait dans l'été de 1828, à Paris, à peu près à la même époque où mon mémoire s'imprimait à Pesaro. Ce cours mérite l'attention de tout homme de goût qui se livre à l'étude de l'antiquité.

Les dessins joints à mon ouvrage ont été exécutés, sous mon inspection spéciale, d'après les originaux qui se trouvent soit dans la collection du Grand-Duc de Toscane à Florence, soit dans la mienne, par M. Giuseppe Lucherini, artiste plein de talent.

Ces vases en terre noire, ornés de reliefs, appartiennent sans aucun doute aux plus anciens que les habitans de l'antique Étrurie nous aient laissés ; ils montrent de la manière la plus évidente la liaison et les rapports intimes de ce peuple intéressant avec l'Orient, avec l'Égypte, et prouvent la nécessité de chercher dans ces contrées l'explication des idées religieuses, des mœurs et de la langue des Étruriens. Ces reliefs rappellent un style qui se rapproche entièrement de celui des figures de Persépolis, et encore plus des hiéroglyphes égyptiens ; et quiconque s'occupe d'hiéroglyphes doit nécessairement étudier ces vases.

Des fouilles et des découvertes très-heureuses, faites durant mon séjour en Italie, depuis le mois de février jusqu'à celui de juin 1828, dans les parties méridionales de l'ancienne Étrurie, et du résultat desquelles j'ai formé un ensemble, constateront et confirmeront, par leur publication, le sentiment que je viens d'énoncer, dans le cas où la persuasion ne serait pas déjà produite par la vue des monumens que présente cet ouvrage.

Ces restes, les plus anciens d'un des peuples les plus intéressans de l'antiquité, nous feront voir clairement le peu de fondement de la doctrine encore professée par plusieurs personnes. Suivant elles les monumens de l'Étrurie devraient s'expliquer entièrement par ceux de la Grèce, et la civilisation de cette dernière contrée serait, à les en croire, tombée du ciel.

DOROW.

Paris. — Février 1829.

VOYAGE ARCHÉOLOGIQUE

DANS

L'ANCIENNE ÉTRURIE.

Le 28 juillet 1827, je partis de Florence vers onze heures du soir, avec M. le chevalier Francesco Inghirami et M. Lucherini, jeune peintre rempli de talent; nous allions explorer la partie sud-est de l'Étrurie et ses monumens antiques. Le but de M. Inghirami était d'examiner en détail Chiusi qu'il ne connaissait pas encore, ainsi que les antiquités qu'on y avait découvertes depuis un an, et de recueillir ce qui pourrait lui servir pour son nouvel ouvrage, intitulé *Guida per l'Etruria*. Ce savant laborieux et habile n'a épargné aucun soin; il a même sacrifié de grosses sommes pour répandre la lumière sur les arts de l'ancienne Étrurie, sujet encore très-obscur. Quand bien même on ne partagerait pas toujours ses opinions, tant sur le travail, la valeur et la patrie de divers ouvrages de l'art, que sur l'explication de ces monumens, toutefois son grand ouvrage, intitulé *Monumenti Etruschi*, met en évidence l'excellence de ses recherches, et inspire le vœu que son mérite puisse être reconnu et apprécié dans sa patrie, comme il l'a déjà été en France et en Allemagne. Il sera possible de concevoir cette espérance, aussitôt qu'à Florence on sera bien convaincu de l'importance et de l'intérêt des antiquités étrusques, à quelque genre qu'elles appartiennent, et qu'on aura pourvu à ce que tous les objets d'art, qui sont à vendre ou disponibles, soient recueillis et réunis dans cette capitale pour y trouver leur place dans un grand Muséum national. Des établissemens de ce genre, également précieux pour l'histoire des beaux-arts, pour l'archéologie et pour la mythologie, ont une influence plus avantageuse que de petites collections d'antiquités égyptiennes, et autres semblables, surtout à Florence, où le savant, l'artiste et l'amateur des arts éprouvent tant de bienveillance et de complaisance de la part des respectables directeurs et des gardes de la galerie du Grand-Duc, et peuvent profiter des trésors en tout genre qu'elle renferme. Bel exemple, et qu'on ne saurait assez imiter si l'on veut que les galeries publiques de tous les pays soient réellement utiles! A Florence nul gardien, fût-il même un docte antiquaire, n'empêche ni les savans, ni les autres personnes de dessiner les objets, parce qu'il ne s'imagine pas qu'il a été choisi pour avoir seul le droit de répandre la connaissance de ces trésors.

Nous voyagions par la voiture de Cortone; et autant que la clarté des étoiles nous permettait de le voir, nous traversions un pays fertile et très-bien cultivé; nous n'avancions qu'avec une lenteur désespérante, montant et descendant sans cesse. Les vignes éten-

daient jusqu'au milieu de la route leurs longs sarmens, et, formant des guirlandes gra-
cieuses, s'entrelaçaient autour des arbres fruitiers, et en réunissaient un grand nombre
ensemble. Nous traversâmes Incisa le dimanche de bonne heure, et quoique des cen-
taines d'hommes et de femmes, vêtues de leurs plus beaux habits, se rendissent à l'église,
nous ne vîmes rien du costume national dont plusieurs relations de voyage ont parlé
d'imagination, si ce n'est le chapeau des femmes qui est noir, en feutre, et orné de plumes
d'autruches, mais sans nul agrément. Dans ce canton, la physionomie des habitans, soit
vieux, soit jeunes, est laide, et fréquemment rendue plus désagréable encore par des
cheveux d'un rouge ardent, qui du reste passent en Italie pour une beauté.

Vers sept heures du matin, nous étions à San-Giovanni, où nous descendîmes de la
voiture; elle continua sa route jusqu'à Montevarchi, d'où elle ne repartit qu'à six heures
avec les autres voyageurs, parce qu'il n'est pas possible d'être en route par la chaleur du
jour.

Quant à nous, gais et dispos, nous dirigeâmes nos pas vers Terra-Novella, éloigné de
deux lieues, et situé au pied de la branche des Apennins, qui, de Vallombrosa jusqu'ici,
porte le nom de Prato-Magno : ce lieu est dans une position charmante. Nous suivions les
bords de l'Arno, sur une digue, d'où nous apercevions une perspective ravissante ; dans
le lointain, des coteaux avec des maisons de campagne entourées d'une forêt d'oliviers,
de châtaigniers, de figuiers et de mûriers, et aussi en partie d'un bocage de chênes. Sur
le grand chemin, à quelques pas de nous, passaient des charrettes à un cheval, portant
des hommes et des femmes endimanchés qui allaient à l'église, et ajoutaient à l'agrément
et à la gaîté de notre promenade.

A Terra-Novella, où M. Inghirami a une belle maison de campagne, nous fîmes un
excellent déjeuné, et nous assistâmes à une grande procession. La construction régulière
de la ville avec ses huit tours, qui datent du dixième ou du onzième siècle, est remarquable, et donne lieu de supposer que jadis il y eut là un ancien camp.

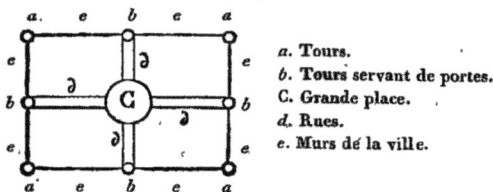

a. Tours.
b. Tours servant de portes.
C. Grande place.
d. Rues.
e. Murs de la ville.

J'ai rarement rencontré un lieu bâti avec autant de régularité, et je suis persuadé
que des recherches soigneuses feraient découvrir d'anciens remparts et d'anciennes
rues. Du reste c'est tout ce qu'il offre d'intéressant; en ce moment il fourmillait de gens
accourus de toutes parts à la procession. Peuple heureux, religion bienfaisante ! Chaque
saint, même les martyrs qui ont souffert les tourmens les plus cruels, y occasione une
fête et des danses; toute tristesse est bannie. Le très-petit nombre savent ou supposent
quelque chose du supplice qu'a enduré le saint en l'honneur duquel ils dansent,
chantent et mangent. Ici en Italie, où le culte des saints est si en vogue, on entend des

opinions diverses sur son origine, sur l'idée naturelle et ancienne qui lui a donné naissance. En l'instituant, on n'eut égard qu'à l'affection que l'on portait à ceux dont on venait d'être séparé par la mort; on croyait que, comme émissaires favorables de Dieu, ils exerçaient de l'influence sur les hommes restés en ce bas monde, et que comme les plus justes, après qu'ils en sont sortis, ont encore à travailler pour arriver à la perfection, on apportait au Seigneur du ciel des offrandes et des prières pour les ames bien-aimées. C'est peut-être dans ces croyances qu'il faudrait chercher la source du culte actuel des saints.

Vers cinq heures du soir nous nous mîmes en route pour Montevarchi, à travers un pays très-bien cultivé, parsemé des plus beaux arbres fruitiers; la route était couverte d'une foule de gens à pied, en voiture, ou sur des ânes, qui allaient à Terra-Novella. Ayant rejoint notre carrosse, nous poursuivîmes de nouveau, à pas lents, notre route vers Cortone. Castiglione-Fiorentino, où nous prîmes du café, est situé sur un haute montagne, et ses anciennes murailles offrent un aspect romantique. Le pays devient toujours de plus en plus semblable à un jardin : il est comme jonché de maisons de campagne; enfin on découvre sur une cîme de montagne très-élevée l'antique Cortone, qui, vue de ce côté, offre plutôt l'aspect de vieilles ruines que d'une ville. Des bœufs furent attelés à notre carrosse, et l'on gravit ainsi péniblement la montagne. Je descendis à l'auberge de la Cloche, où une jolie chambre m'attendait; mais à peine avais-je eu le temps de changer d'habits, que M. Brunori, chanoine, m'envoya chercher, et m'offrit chez lui une chambre ornée de beaux tableaux : ce qu'il fit avec une bienveillance et une grâce qui me donnèrent l'idée la plus favorable du caractère hospitalier des Italiens.

Mais avant de parler de Cortone et de ses antiquités curieuses, je veux dire un mot de l'intérieur de ma chambre et de la vue dont on y jouit. D'abord les yeux se portent sur un excellent tableau de Carlo Dolci, représentant Notre Seigneur au jardin des Olives. Le Sauveur, succombant à un abattement intérieur et très-visible, est à genoux; l'ange, planant au milieu d'une lumière éclatante, d'une main lui présente, de l'air le plus respectueux, le calice, et de l'autre porte la croix. Ce tableau seul mérite que l'on vienne rendre visite à son aimable propriétaire. De bons dessins de Baroccio, une petite esquisse de Carlo Dolci, montrant le Christ mort étendu sur le giron de sa mère, et d'autres tableaux modernes, ornent les parois de la chambre, dont les fenêtres offrent une perspective ravissante. C'est un des plus vastes et des plus rians paysages dans le célèbre val Chiana, fermé dans le lointain par une chaîne de collines, de laquelle s'élancent le mont Amiata et le mont Chictona, anciens volcans. A quelques milles de distance, l'on aperçoit le champ de bataille, baigné par le lac Trasimène, et où Annibal remporta une victoire immortelle sur le consul romain Flaminius : ainsi sous mes yeux se réunissaient la scène charmante du temps présent, et l'une des plus glorieuses époques de l'ancien monde. Durant des heures entières, à la clarté des étoiles, qui dans ces contrées sont bien plus brillantes que dans nos pays du nord, je restais à cette fenêtre, repassant dans mon esprit les temps et les événemens importans qui rendent ce canton un des plus intéressans de l'univers.

On vend à Cortone une description de cette ville, mais elle est mauvaise, et ne peut être considérée que comme une pieuse nomenclature des couvens et des confréries du lieu, avec leur histoire. On n'y trouve rien de ce qui donne du prix à Cortone, ou bien les détails sur ce sujet sont si inexacts, qu'il est à souhaiter qu'un homme instruit et habile puisse écrire avec plus de soin l'histoire et les curiosités de cette ville.

Parlons maintenant de ce que j'y ai trouvé.

La bibliothèque, avec ses collections d'antiquité, est confiée à la garde de M. Ponbucci, homme aimable et très-obligeant, qui facilite de toutes les manières l'usage des trésors qu'il est chargé de conserver. Les manuscrits, quoique assez nombreux, n'offrent pas beaucoup de choses nouvelles; on n'y trouve rien d'inédit. Un Dante d'une belle écriture, avec des lettres initiales ornées de riches peintures, mérite l'attention. Parmi les livres imprimés, il y en a de très-rares et de très-précieux; tout ce qui a été publié sur les antiquités étrusques est complet, et l'on est réellement surpris de trouver des richesses de ce genre dans une petite ville de province; ce sont des restes du temps florissant de l'Académie des Antiquités de Cortone, qui a déjà publié dix volumes in-4°. de mémoires curieux.

La collection d'antiquités unie à la bibliothèque, brille moins par la quantité que par la valeur intrinsèque des morceaux qui la composent. Toutefois, je blâme la manie très-visible que l'on a eue d'y faire entrer beaucoup de choses, ce qui a produit un mélange bizarre d'objets des Indes et de l'Égypte, avec les antiquités étrusques et romaines, tandis que pour Cortone un choix sévère d'antiquités locales peut seul être intéressant, puisque l'exiguité des moyens empêche de se procurer quelque chose d'important en ouvrages d'art étrangers. Voilà pourquoi les monumens égyptiens sont très-insignifians, et pourquoi parmi les bronzes romains, il s'en trouve beaucoup de faux au milieu de quelques morceaux de prix. Néanmoins ces derniers n'offrent rien de nouveau; les plus remarquables peut-être, sont les restes d'une flûte en ivoire, avec une garniture en bronze, et de longues inscriptions en bronze et en plomb.

Parmi les bronzes trouvés à Cortone ou à peu de distance, il y a des choses d'un prix inestimable, entre autres une figure haute de six pouces, tenant le foudre à la main. Dans le *Museum Cortonense,* pl. 4, et dans le *Museum Etruscum* de Gori, 1, pl. xxii, elle est indiquée comme un Jupiter; mais c'est un Bacchus, puisqu'il est reconnu que les Étruriens attribuaient souvent le foudre à ce dieu. C'est un jeune homme mince, sans barbe, les cheveux coupés en rond, et tombant très-bas sur le cou. Gori et le *Museum Cortonense* le représentent d'une manière inexacte, qui ne peut donner une idée de l'original, notamment de la coiffure et des proportions très-remarquables et propres seulement aux figures étrusques. Il manque aussi, dans les planches de ces ouvrages, deux tablettes avec des inscriptions étrusques, l'une en plomb (*pl. III, fig. XII*), l'autre en bronze (*ibid., fig. XIII*), trouvées avec cette figure, et qui, à ma connaissance, sont encore inédites. J'ai vu chez M. Micali (1), à Florence, un bon dessin de cette figure, qui sera bientôt publié. Il est de grandeur moindre que l'original, ce que je ne saurais approuver, puisque le caractère qui rend les figures étrusques en bronze intéressantes, consiste principalement dans les proportions propres au corps, et qui sont perdues dans une repré-

(1) Auteur de l'ouvrage *l'Italia avanti il dominio dei Romani,* 4 vol. in-8° et 1 vol. de planches.

sentation diminutive. D'ailleurs, comme il n'y a pas vingt figures de ce genre qui aient plus d'un pied de haut, la dépense pour les publier ne peut être considérable.

La figure que je regarde comme la plus importante pour la mythologie et l'art antique, et qui certainement appartient aux temps les plus anciens, est le bronze nommé à Cortone une Victoire, par d'autres une Vénus, et aussi la Lune. La figure est ailée; un oiseau (1) est assis sur sa tête. Je laisse à décider s'il n'est pas plus vraisemblable de voir dans cette figure la déesse de l'amour, que les Étruriens représentaient ailée, et dans l'oiseau une colombe. Du reste, la forme, la disposition et le travail des ailes (2) sont très-remarquables, et ressemblent, jusque dans les plus petits détails, aux ailes que l'on voit aux Furies, aux génies, etc., représentés sur les plus anciennes urnes étrusques en terre noire, avec des reliefs, et dont j'aurai occasion de parler plus tard.

Dans plusieurs bronzes étrusques qui ont incontestablement été trouvés ici, j'aperçois une grande analogie avec les figures de divinités et de prêtres des Gaulois que j'ai obtenues dans des fouilles faites le long du Rhin et dans l'ancienne Gaule. La collection de Cortone possède aussi deux bronzes comme ceux que j'ai trouvés à Exterstein (*extra rupes*), en Vestphalie, et que j'ai publiés (3). Ils se ressemblent tellement par le travail, le costume et les traits du visage, que l'on pourrait croire qu'ils ont été faits par le même ouvrier. Dans une figure de la collection de M. Capei, avocat à Florence, on observe un travail plus soigné, mais toujours les mêmes traits du visage et le même angle facial. Ce bronze a été découvert à Populonia. Si dans la Victoire, la Lune ou la Vénus dont il a été question plus haut, on reconnaît le style étrusque que l'on peut nommer primitif; il me semble que les bronzes d'Exterstein et de Cortone offrent le commencement de l'art, les premiers essais tentés pour imiter une figure humaine; or on remarque chez tous les peuples une très-grande ressemblance entre ces commencemens; mais dans le cas actuel ne pourrait-on pas conjecturer que l'artiste a voulu exprimer la physionomie particulière de quelque tribu?

Indépendamment de quelques miroirs mystiques, ornés de figures mythiques gravées, la collection possède aussi en bronze des figures d'animaux remarquables, et je crois qu'il ne serait pas sans intérêt d'avoir un recueil complet de toutes les figures d'animaux, même de monstres, faites par les anciens, représentées dans une suite de planches; mais il faudrait, autant que possible, qu'elles fussent subdivisées avec exactitude d'après les nations : or, certainement, l'ancienne Étrurie en fournirait un grand nombre.

Parmi les figures en terre cuite que l'on voit à Cortone, et que j'attribue toutes à une période romaine récente, il y en a quelques unes que des savans allemands ont fait dessiner, afin de les publier; mais personne ne sait où elles ont été trouvées, ni d'où elles proviennent; toutefois il est sûr que, dans des fouilles faites le long du Rhin et dans la

(1) Il ressemble à l'oiseau que je crois être le *Radegast*, qui se représente souvent dans les antiquités obotrites du Mecklenbourg. Il y a déjà assez long-temps que ce bronze étrusque a été trouvé; peut-être a-t-il servi de modèle à cette trouvaille du nord, qui me semble toujours très-douteuse.

(2) Figure représentée dans *Notizie intorno alcuni Vasi etruschi*, par M. Dorow. Pesaro, 1828.

(3) Dans l'ouvrage intitulé *Denkmalen germanischer und rœmischer Zeit in den Reinisch-Westphœlischen Provinzen*, première partie, pl. xxvi, fig. 5.

Gaule, on en a découvert souvent de semblables, et qui ont été gravées. (1). Ces antiquités me semblent, à cause de l'obscurité qui les enveloppe, être des monumens très-commodes pour les antiquaires à systèmes. Chacun y voit quelque chose de différent; c'est pourquoi elles sont de la plus grande utilité pour bâtir et soutenir des hypothèses. L'examen attentif que j'en ai fait à Cortone m'a confirmé dans l'opinion qu'elles appartiennent aux derniers temps des empereurs romains, et que les groupes, homme, femme et enfant, ainsi que homme et femme, peuvent bien avoir été des monumens sépulcraux. Si dans une grande figure debout, qui tient un cochon, ou peut-être tout autre animal, la noble simplicité du jet des plis rappelle une période de l'art plus ancienne, la coiffure fait rejeter cette supposition.

Un grand vase étrusque en terre noire, avec des figures appliquées qui en font le tour, mérite de fixer l'attention. Il a été publié (2), mais aussi mal et aussi inexactement que le Jupiter ou le Bacchus dont j'ai parlé plus haut. Je reviendrai plus tard à ces vases, qui n'ont été connus en Italie et même en Étrurie qu'à l'occasion de ceux qu'on a découverts depuis deux ans à Chiusi.

Dans la collection d'urnes cinéraires et de sarcophages en marbre, en albâtre, en terre cuite, il y a plusieurs choses remarquables. On reconnaît surtout les traces d'une bonne période et la main d'un habile artiste dans un sarcophage en albâtre, avec la représentation, si souvent répétée, du combat d'Étéocle et de Polynice. Les deux frères, armés et prêts à en venir aux mains, sont retenus en arrière par leur mère et leur sœur qui les supplient, avec des gestes exprimant leur douleur, d'épargner leur propre sang; mais entre eux, l'implacable Furie est assise à terre; son visage montre l'emportement de la rage; une de ses mains est fermée, l'autre tient une torche; des ailes de chauve-souris déployées ombragent cette figure parfaite et remplie d'expression. La plupart de ces sarcophages d'albâtre portent encore des traces annonçant qu'ils ont été richement dorés et peints; on observe aussi cette dernière particularité sur les sarcophages en terre cuite. Autrefois la bibliothèque possédait également une grande collection de pierres étrusques gravées, mais elles sont en grande partie disparues pendant la guerre; la plupart ont été volées. Parmi celles qui heureusement ont été sauvées, il y a des choses d'un mérite infini; par exemple le guerrier mort étendu sur son bouclier, et sur le second plan deux autres guerriers tués; c'est probablement une scène d'un combat, avec cette inscription ΑΠΟΛΛΟΔΟΤΟΥ. Cette pierre, d'un travail parfait, exquis, est une très-belle cornaline; elle a presque un pouce de longueur. Une autre pierre, d'un travail aussi précieux, est une sardoine pâle, très-profondément gravée, et représentant Diomède à genoux; de la main droite il tient la statue de Pallas, armée du bouclier et de la lance; de l'autre il tient une épée nue. Le héros contemple son butin d'un œil de complaisance. Le travail de cette pierre pourrait bien appartenir à la période la plus florissante de l'art, et, sous tous les rapports, ne laisse rien à désirer.

Indépendamment de plusieurs scarabées du temps le plus ancien, avec des figures

(1) Voyez *Opferstætte und Grabhügel der Germaner und Rœmer am Rhein*, von D^r. Dorow, — 2te *Auflage*. Wiesbaden—1827. Deuxième partie, pl. VII, fig. 1, 2, 3, 4.

(2) Dans *Due ragionamenti del L. Cottelini*. Venezia.

gravées profondément sur la surface inférieure, et dans lesquelles les membres ne sont indiqués que par des grosseurs arrondies, et qui n'ont ni forme ni proportion humaine quelconque, je dois encore faire mention d'une cornaline très-bien gravée, à cause de la singularité du sujet, qu'il est difficile de faire comprendre par une description. Un monstre de forme humaine et gigantesque est étendu, le visage tourné vers le spectateur; sa tête, qui paraît armée de deux cornes, est penchée, comme prête à dévorer, au-dessus d'un autel dont la hauteur n'est que le tiers de celle du monstre; celui-ci tient d'une main un petit quadrupède. La face de l'autel est ornée d'une tête de bœuf sculptée, autour de laquelle deux branches s'entrelacent. Près de l'autel un homme debout, peut-être le prêtre qui se dispose à faire le sacrifice, indique la proportion et la grandeur du géant, dont le bras est aussi long que cet homme. La pierre a six lignes de hauteur, et est de forme ovale. Gori, qui a donné dans le *Museum Etruscum*, t. I, pl. CLXXV, la figure d'un bas-relief en marbre qui offre quelque chose d'à peu près semblable au sujet de cette pierre, le désigne ainsi : *Thronus mithriacus etruscus*. Cela ne donnerait-il pas lieu de penser que Gori s'était fait un système, et regardait tout sujet qu'il ne connaissait pas, ou ne pouvait expliquer, comme appartenant aux mystères de Mithra (1)?

Cortone possède aussi des restes d'anciens murs cyclopéens, qui ne sont pas aussi bien conservés ni aussi étendus que ceux de Fiesole; ce sont d'énormes blocs de pierre de forme oblongue et carrée, posés les uns sur les autres sans mortier; mais ni à Cortone, ni à Fiesole, ni à Chiusi, on ne rencontre la moindre trace de tours qui aient fait partie de ces murs, quoique des relations de voyages et des ouvrages d'archéologie en aient parlé. Dans la maison de M. Cecchetti, on voit encore une ancienne voûte étrusque, probablement une chambre sépulcrale, quoique plusieurs personnes aient voulu la prendre pour le reste d'un bâtiment civil des Étrusques. Les pierres, parmi lesquelles il y en a qui ont neuf pieds de long sur deux pieds de large, sont également jointes sans mortier; ce monument remarquable construit et voûté avec une exactitude admirable, a neuf pieds et demi de hauteur au-dessus du sol, et quatorze pieds de largeur. Au-dessous du commencement de la voûte il y a un mur droit, et haut de trois pieds neuf pouces. On parcourt volontiers le chemin difficile qui mène à cet antique tombeau étrusque, que les habitans de Cortone nomment *la Grotte de Pythagore.* Ils se sont plus à transporter ici ce grand philosophe; alors il a fallu métamorphoser Crotone en Cortone, et donner pour grotte à Pythagore un tombeau étrusque. Ce reste des temps anciens est situé à un demi-mille au sud de la ville. Les Français ont détruit en partie le tombeau, qui consiste en blocs de pierre, dont quelques uns ont treize pieds de long; des oliviers ombragent ces ruines, qui offrent encore une image touchante de la dévotion et de la peine avec laquelle les anciens cherchaient à honorer les restes terrestres des morts, objets de leur affection. De même que dans les tombeaux de tous les peuples, l'entrée est ici tournée vers l'orient, et les divisions qu'on y remarque encore donnent de la certitude à l'opinion que c'était une sépulture de famille. Avant sa destruction, M. Inghirami l'a mesuré avec soin, et en a donné la description et le dessin dans son bel ouvrage (2).

(1) C'est peut-être un héros qui s'est posé sur l'autel, pour exprimer qu'il se sacrifie aux dieux.
(2) *Monumenti Etruschi*, tom. IV, pl. XVII.

On trouve des antiquités précieuses, étrusques et autres, dans la riche collection du marquis Venuti, placée sous la direction de M. Brunori, chanoine. Le propriétaire habitant ordinairement Rome et Naples, cette collection doit être vendue. Plusieurs des objets qui la composent ont déjà été publiés par Gori, Lanzi, et dans le *Museum Cortonense;* malheureusement les dessins qu'on en a faits manquent de goût et d'exactitude. Du reste, cette collection n'est ni locale ni composée de morceaux appartenant exclusivement à l'Italie; on y trouve aussi beaucoup d'objets d'art de la Grèce. Parmi les marbres sculptés, il y a des choses remarquables; par exemple, un Hercule debout et un Faune, tous deux au-dessus de la demi-stature humaine; une chèvre, ancien ouvrage grec excellent; dans une niche, une déesse *Abundantia* debout, et sacrifiant, est certainement d'une période où l'art était florissant. Parmi les bustes, une jeune Nymphe et une autre femme qu'on qualifie Muse méritent d'être distinguées, ainsi que quelques beaux bas-reliefs, tant pour le sujet que pour le travail. Je noterai, parmi ceux-ci, un sacrifice à Priape, très-mal et très-inexactement représenté dans le *Museum Cortonense*, pl. xvi; il pourrait, sans aucun doute, être attribué à l'antiquité étrusque, qui cependant ne peut se reconnaître dans les figures dont je viens de parler: les longs cheveux, pendant en boucles ou en tresses, qui dans l'original sont retenus ensemble par un bandeau décoré par devant de riches ornemens, se retrouvent sur tous les monumens étrusques, de même que les vêtemens; deux Satyres foulent des raisins, un troisième leur en apporte: cela est très-distinct; mais dans la gravure du *Museum Cortonense*, pl. ix, on a de la peine à le reconnaître.

Parmi les sarcophages étrusques en albâtre et en marbre, on en voit quelques uns d'une grande beauté, et dont les archéologues italiens diraient que le travail appartient au style étrusque le plus parfait; par exemple, un très-magnifique bas-relief, remarquable par les figures, représentant Amphion et Zéthus, qui attachent Dircé aux cornes d'un taureau furieux (1). On voit aussi dans cette collection des inscriptions en marbre, et des inscriptions étrusques en tuf bien conservées; quelques bronzes inédits de la plus ancienne période étrusque, et d'une dimension que l'on ne rencontre pas souvent, savoir, huit à dix pouces de hauteur. Mais ce qui fait la principale richesse de cette collection, ce sont les nombreux vases grecs peints, en terre cuite, que l'on ne voit pas fréquemment en si grande quantité, si beaux, si divers de formes, et si bien conservés, et qui, sous tous les rapports, composeraient un fonds excellent pour un musée public que l'on voudrait établir. Quelle richesse de belles formes offrent ces vases! comme ils font pénétrer intimement dans la connaissance de l'art et de la poésie des Grecs! C'est là que se représentent à la mémoire les expressions frappantes de Wieland. « Les Grecs furent les premiers qui « du langage, cette faculté qui donne la prééminence à l'homme sur les autres animaux, « surent faire un art, le plus puissant de tous. Le chant, le jeu des instrumens et la « danse devinrent chez eux des arts inventés par les Muses. A eux seuls la déesse de la « beauté avec les Grâces, ses compagnes inséparables, s'était manifestée; tous leurs « ouvrages furent beaux; l'agrément fut répandu sur tout ce qu'ils dirent et sur tout ce « qu'ils firent. Eux seuls trouvèrent le secret d'unir le sublime au beau, l'utile à l'agréable.

_____

(1) On le trouvera pl. xiv de cet ouvrage; il est du tiers de la grandeur de l'original.

« Leurs législateurs furent des poëtes chantans, leurs héros sacrifièrent aux Muses, et
« leurs sages aux Grâces. Les idées les plus abstraites de l'esprit humain reçurent, dans
« l'imagination de leurs poëtes, sous le pinceau de leurs peintres, et sous la main de
« leurs sculpteurs, une vie qui les embellissait, et devinrent des images aimables qui
« élevaient le cœur. Enfin la religion, chez tant de peuples la plus cruelle et la plus
« affreuse des institutions, prit chez eux une forme amie de l'humanité; les dieux des
« autres peuples étaient des monstres hiéroglyphiques; ceux des Grecs présentèrent l'idéal
« de la perfection humaine. Leurs mystères furent, suivant l'expression de Cicéron, un
« bienfait pour le monde; et l'obscurité impénétrable qui, par les milliers de fantômes,
« enfans de la superstition, tourmentait tant d'autres peuples, ne leur donnait que la
« joie dans la vie et l'espérance dans la mort. Même la mobilité de leur caractère fut
« utile aux arts. Chez eux tel modèle de beauté, tel degré de l'art, telle manière d'un
« maître ne duraient pas long-temps; sans cesse on voulait du nouveau. »

M. Corazzi de Cortone possédait autrefois la plus riche collection, pour un particulier, d'objets en bronze trouvés à Cortone et dans l'anciene Étrurie : elle a été vendue
douze mille scudi au roi de Hollande; et ainsi elle est malheureusement perdue à jamais
pour le sol natal. Cependant les étrangers voient encore avec ravissement, dans la maison
de M. Corazzi, deux fenêtres avec des peintures en verre, de la première moitié du seizième
siècle; elles représentent la Naissance du Sauveur et l'Adoration des Mages; on y admire
des couleurs éclatantes et des têtes parfaites; la dimension de ces morceaux ajoute à l'intérêt qu'ils présentent; les figures sont de grandeur naturelle. Pour la composition et
l'expression, je pourrais bien donner la préférence aux peintures allemandes sur verre,
mais combien elles le cèdent aux italiennes pour la vivacité des couleurs! Les premières
offrent dans leur ensemble un tableau plus lié et plus agréable, parce que les morceaux de verre sont beaucoup plus grands, tandis que les peintures italiennes sont composées de petits morceaux entourés de plomb, ce qui augmente l'obscurité de l'intérieur
des églises. Cette espèce d'assemblage se montre de la manière la plus frappante dans la
cathédrale de Florence et dans celle d'Arezzo. Autrefois les fenêtres de la maison Corazzi
se trouvaient dans une église d'Arezzo; elles ont été peintes par Leonardo Marcilla, prêtre
de Cortone. Le propriétaire actuel est aussi disposé à vendre cet ouvrage de l'art.

Dans les relations de voyage on parle beaucoup d'un temple de Bacchus, de bains
romains, etc. Le temple ne consiste qu'en quelques débris de murs de thermes romains,
qu'on reconnaît encore en allant à l'église de Sainte-Marguerite. Quant aux bains
romains dont il a été tant question, ils ne remontent qu'à 1360, par conséquent au
moyen âge. On a trouvé dans les archives des traces de ce fait.

Parmi les églises, je m'occuperai d'abord de la cathédrale. Quoique petite et peu remarquable sous le rapport de l'architecture, elle possède un grand trésor dans les tableaux
de Zignorelli, tant de sa première que de sa dernière période; mais c'est surtout un sarcophage antique, renfermant, dit-on, les restes du consul romain Flaminius, qui la rend
intéressante : il est placé sur une colonne. Peu importe que la dépouille mortelle de ce
Flaminius ou de tout autre personnage y soit contenue, mais les magnifiques bas-reliefs
qui entourent ce monument, du plus beau marbre et long de six pieds environ, et qui

certainement peuvent être comparés aux plus parfaits que l'on connaisse, fixent l'attention. Voici ce que la mauvaise description de Cortone, dont il a été question plus haut, dit de ce chef-d'œuvre : *Dovè è espressa la battaglia di Centauri e Lapiti, ovvero una spedizione guerriera di Bacco. Voce che fosse trovato in un campo fuori delle mura della citta quasi contigue alla cathedrale, da un contadino mentre arava con i buoi, e che vi fosse riposto il corpo del Beato Guido Vagnottelli.* « On y voit représenté le combat des Centaures et
« des Lapithes, ou une expédition guerrière de Bacchus. On dit qu'il a été trouvé dans un
« champ hors des murs de la ville, presque vis-à-vis de la cathédrale, par un paysan, tandis
« qu'il labourait avec ses bœufs; et que le corps du bienheureux Guido Vagnottelli y fut
« déposé.» Il est question de ce monument dans les *Acta Sanctorum* (1), où l'on en voit une
figure pitoyable. Gori en donne une fort belle et bien exécutée dans ses *Inscriptiones antiquæ quæ in Etruriæ urbibus exstant* (2); mais le dessin n'en est pas correct, et ne rend nullement le caractère de l'original, qui ravissait d'admiration le grand architecte Brunelleschi, ainsi qu'on le lit dans sa vie par Vasari. Maffei fait aussi mention en ces termes (3) de ce chef-d'œuvre : *Rappresenta una battaglia, e Bacco non gia triunfante, come in molti altri, ma che va in battaglia, anch' esso, sopra biga tirata da due Centauri e guidata da una Vittoria.* « Il représente une bataille et Bacchus non triomphant encore comme
« dans beaucoup d'autres monumens, mais allant au combat sur un char traîné par deux
« Centaures et guidé par une Victoire. » Gori et Maffei départissent ensuite de grandes louanges à cet excellent ouvrage des Grecs, et pourtant le premier ne s'est pas aperçu combien peu la gravure qu'il en a publiée en exprimait le mérite suprême. Rien de plus parfait que la démarche intrépide des Centaures, la figure de la Victoire qui plane légèrement en guidant le char, l'expression de douleur des mourans. La face antérieure est richement ornée; j'y distingue surtout la Tristesse assise, et des Génies qui portent un médaillon où se trouvait probablement le buste du défunt. Ce sont de vrais chefs-d'œuvre : quelle pureté de dessin, quelle vie le sculpteur a eu le talent d'imprimer au marbre! J'en aurais volontiers joint une copie à mon livre, mais il est aussi difficile en Italie que partout ailleurs d'obtenir des dessins satisfaisans des monumens, quand on est accoutumé à en recevoir de la main de M. Hundeshagen, qui ne produit que des ouvrages parfaits, ou de celle de M. Van Embden, son élève et son ami. Si M. le docteur Hundeshagen, habile architecte, était ici avec moi, je publierais des *Monumenti inediti*, et je ne choisirais, pour les y insérer, que des objets qui ont été déjà publiés, tant dans les anciens ouvrages que dans les plus récens; je n'en excepte pas même ceux qui ont pour objet des galeries et des musées considérables, tels que ceux de Florence, Cortone, etc. Combien d'absurdités ne rencontre-t-on pas dans les magnifiques ouvrages sur Herculanum; et qu'ils sont nombreuxles exemples que j'en pourrais citer! des figures défectueuses, comme celles dont j'ai parlé plus haut, et comme celles que l'on trouve dans M. Micali, et que je signalerai plus tard, embrouillent et dénaturent l'archéologie, et lui causent un préjudice irréparable.

(1) Juin, tom. II, pag. 604.
(2) Tom. III, *In qua appendix postrema adjectis tabulis....*, pl. XLVI, pag. CXLI.
(3) *Osservazioni letterarie*, tom. V, pag. 218.

Le mausolée de sainte Marguerite, ouvrage du treizième siècle, probablement de Giovani Pisano, que l'on voit dans l'église de cette sainte, mérite de servir de pendant à ce sarcophage. Cette église, qui appartient au couvent des Franciscains, est située au-dessous de la citadelle, sur la plus haute cime de la montagne, à peu près à un mille au-dessus de la ville propre. Dès le douzième siècle, il est fait mention de cette église : son histoire est connue, surtout par la vie de sainte Marguerite, qui s'y livra aux plus rudes pénitences, après que la jalousie eut privé de la vie son bien-aimé, dont elle avait déjà eu un enfant. Toute la légende est très-intéressante : on en voit les principaux événemens représentés dans de mauvais tableaux exposés dans cette église; toutefois je dois en excepter une ancienne peinture à fresque, sur le mur extérieur de l'église, tout près de la porte. L'aimable Marguerite, jeune fille de la campagne des environs de Cortone, trouve l'homme qu'elle aimait et dont elle était aimée, étendu sans vie, et en partie couvert d'un tas de pierre; l'expression de la douleur et du désespoir est admirable, et n'altère nullement la beauté du visage. Mais revenons au monument, qui est en beau marbre. Des anges tiennent une toile étendue au-dessus du corps couché; plus haut, sur des colonnes, sont deux autres figures d'ange, d'un aspect très-singulier; au-dessus d'eux le monument se termine en ogives. Dieu le père donnant sa bénédiction les bras étendus, paraît au milieu, où il remplace les colonnes et la clef de la voûte; idée réellement très-extraordinaire, que l'on serait disposé à blâmer, si le travail et le style de la sculpture n'étaient pas si parfaits. Six compartimens, dans lesquels sont représentés les miracles de la sainte, entourent le sarcophage; ces petites figures sont remplies d'expression, et en même temps groupées avec grâce et avec harmonie. Les bons frères Franciscains doivent trouver leur demeure réellement magnifique, pour peu que leurs ames soient encore douées de sentiment pour les beautés de la nature. Le couvent est entouré de cyprès; de toutes parts on jouit d'une vue ravissante, surtout du côté du lac Trasimène, qui, par la surface azurée de ses eaux limpides, donne au paysage de la vie, de la clarté, et l'intérêt des souvenirs classiques.

Ensuite je vais à l'église del Giesu, qui, par ses tableaux de Beato Angelico Fiesole, mérite seule que l'on fasse le voyage de Cortone. Ce grand et admirable maître se montre ici dans toute sa sublimité et sa grâce. Certainement Raphaël serait en adoration devant le génie qui brille dans l'*Annonciation de la Vierge* de Fiesole. Les habitans des cieux ne peuvent paraître que comme cet ange, sur le visage et dans tout le maintien duquel est empreinte l'idée du salut du genre humain; l'ange, encore dans les airs, et du doigt montrant le ciel, s'incline, et annonce à Marie comment se salut s'opérera. Elle répond avec une grâce et une humilité toutes célestes : « Voici la servante du Seigneur; qu'il me soit « fait selon ta parole. » Quelle harmonie de couleurs! et cependant quel petit nombre de teintes produit cet éclat et cette magnificence, éclat qui ne peut être aperçu que dans le ciel. Indépendamment de ce tableau de Fiesole, il y en a deux autres de forme oblongue, et peints d'affection. Ils représentent la vie de la sainte Vierge et la vie de saint Dominique, et ils sont partagés en petits compartimens qui en renferment chacun un des principaux événemens. Je n'avais pas encore vu de plus beaux ouvrages de Fiesole.

On remarque dans l'église de Saint-Augustin le tableau capital de Pietro de Cortone : la

Vierge avec l'enfant Jésus, au milieu de quatre saints. Si l'on veut ne rien perdre du plaisir que fait ce tableau, qui a beaucoup de la grâce et des formes du Corrège, il ne faut pas le regarder le même jour que celui de Fiesole.

Le maître autel de l'église des Dominicains est orné d'une *Assomption de la Vierge* de Pietro da Panicale, surnommé le Pérugin, maître dont les tableaux sont très-rares. De jolies têtes d'anges entourent Marie ; les têtes des apôtres sont remplies d'expression et de caractère. Cette église possède aussi un tableau de Fiesole, représentant la Vierge et l'enfant Jésus que des saints entourent. Ce morceau, qui cependant le cède à ceux dont j'ai déjà parlé, a beaucoup souffert.

Quand on est en Italie, où l'on ne rencontre presque aucun village qui ne renferme un beau tableau ou une sculpture remarquable, l'on entend nommer des artistes inconnus dans nos contrées du nord, et l'on commence à reconnaître la vérité de cet axiome que dans l'éloignement il n'est question que des artistes du premier rang, et que souvent on se contente de savoir leur nom ; mais quand, en s'avançant dans ce pays, l'on voit la quantité de tableaux de maîtres du second et du troisième rang, qui cependant méritent l'attention, et qui concourent à donner de l'éclat à la masse de richesses que possède cette contrée, c'est alors que s'agrandit le domaine de l'art.

Dans l'église de Saint-François, qui était en construction, il y a un très-beau tombeau d'un évêque, de l'an 1348. Indépendamment du mérite, du travail et du talent avec lequel le marbre a été façonné, l'idée de l'immortalité y est exprimée d'une façon singulière. Le pieux personnage, revêtu de ses ornemens pontificaux, est étendu, le visage décharné, comme dans un sépulchre ; mais au-dessus on le retrouve assis à l'aise, et l'air satisfait, sur un fauteuil richement décoré, probablement un de ceux que les justes obtiennent dans le ciel.

Le 2 d'août, je partis de Cortone, et je m'acheminai vers Chiusi, où des recommandations amicales m'avaient précédé. Après avoir parcouru des campagnes fertiles et très-bien cultivées, et de belles forêts de chênes, sans traverser beaucoup de villages qui sont plus loin à droite et à gauche, on laisse de ce dernier côté le lac Trasimène, qui est sur le territoire papal, et on se rapproche des montagnes où se trouvent les eaux minérales de Chianciano, éloignées d'environ sept milles de notre route, et très-fréquentées. L'antique ville de Montepulciano, située à droite sur une cime élevée, offre pendant long-temps une vue qui ressemble à celle de bâtimens ruinés. En pensant à son vin exquis, on trouve l'aspect de ses vieux murs plus gai ; et, quand on a goûté ce nectar, on approuve bien volontiers l'éloge qui en a été fait par ces mots : *Montepulciano d'ogni vino è il rè* (1). Continuant à cheminer sur une route communale bien entretenue, plus on s'approche des montagnes et de Chiusi, plus les perspectives deviennent romantiques. On passe tout près d'un petit lac limpide ; ses rives verdoyantes sont ornées d'arbres fruitiers et d'autres ; les vignes s'entrelacent dans leurs branches, et semblent former des festons et des guirlandes pour le voyageur qui parcourt cet heureux pays.

Chiusi a dans son aspect quelque chose de très-antique, et, comme toutes les anciennes

(1) « Le Montepulciano est le roi des vins. »

villes étrusques, il est situé sur une montagne élevée, mais moins haute cependant que celle de Cortone. Dans son voisinage on voit avec d'autant plus de plaisir un grand étang nommé *Chiaro di Chiusi*, que l'eau est quelque chose de rare en Italie, et que même dans les montagnes on cherche en vain les ruisseaux qui donnent une si grande fraicheur et un charme particulier à l'Allemagne, au Tyrol et à la Suisse.

La situation de Chiusi est ravissante; la campagne voisine est très-bien cultivée; si l'œil ne découvre pas un horizon aussi étendu qu'à Cortone, en revanche les montagnes et les vallées qui se succèdent offrent plus de variété; enfin des tours et des châteaux antiques, épars çà et là, donnent peut-être plus d'intérêt au paysage. La ville est petite et mal bâtie, mais habitée par des hommes instruits, polis et aimables, à la tête desquels je place les ecclésiastiques qui se distinguent également ici par leurs connaissances, leur tolérance et leur prévenance bienveillante envers les étrangers, sans les interroger sur la communion chrétienne à laquelle ils appartiennent. Une seule fois on m'a demandé si j'étais catholique ou protestant; mais l'ecclésiastique qui m'adressait cette question en fut aussitôt réprimandé par un autre qui lui en fit sentir l'inconvenance. Quelle différence avec plusieurs pays d'Allemagne!

Je parlerai d'abord de la collection de M. Bonci Casuccini, parce que M. Paolozzi, dans la maison et dans l'aimable famille duquel j'ai reçu l'accueil le plus obligeant, était absent et ne devait revenir que dans deux jours; ce qui me priva d'examiner sa riche collection.

Depuis un an M. Casuccini a obtenu, de fouilles faites dans ses champs, plus de quarante monumens funéraires en pierre, et cinquante en terre cuite, indépendamment de beaucoup de vases en terre, les uns peints, les autres noirs; de bronzes, d'ornemens en or, etc. Les sarcophages sont tous de forme carrée, alongée, et décorés de sculptures de toute espèce, dont quelques unes ne sont pas sans intérêt pour l'histoire et pour la mythologie; la figure du personnage à laquelle la sculpture est consacrée, et qui y est représenté couché, est presque toujours accompagnée d'inscriptions étrusques. La longueu rde ces sarcophages varie d'un pied à sept pieds. S'il m'est permis de porter un jugement sur les sculptures et sur leur caractère, il me semble que les monumens funéraires en marbre et en albâtre qui se trouvent dans cette collection datent du temps des empereurs jusqu'à la période des Antonins; mais peut-être abandonnerai-je cette opinion lorsque j'aurai reçu le mémoire dans lequel M. Pasquini, vicaire général de Chiusi, démontre, par des preuves qu'il regarde comme irréfragables, que tous ces monumens remontent au temps de la république romaine, quand l'Étrurie étoit encore un Etat libre et florissant. Jusqu'à présent j'aperçois trop de ressemblance entre ces ouvrages, et même une mauvaise imitation des monumens romains de la période indiquée plus haut. D'ailleurs Winckelman, qui ne connaissait pas ces nouvelles découvertes faites à Chiusi, et qui n'avait vu que les monumens trouvés à Volterra, dit que « toutes les urnes funéraires « de Volterra étaient du dernier temps de l'art étrusque. » La plupart de ces bas-reliefs représentent des combats, des têtes de Méduse, des fleurs, des sacrifices, les adieux du défunt à sa famille; quelquefois dans des groupes très-touchans. Presque sur tous, on voit Caron, ou un mauvais génie, debout sous la porte ouverte qui mène aux enfers. Il tient à la main un marteau, une hache ou une massue; il y a aussi une Furie à ailes de chauve-souris, brandissant un flambeau, et souvent la tête ailée, prête à guider les ames dans le monde inférieur : cette Furie ne manque pas dans les scènes les plus sanglantes des combats. La présence de ces mauvais génies donne à tous ces morceaux un caractère particulier de tristesse et de mélancolie. Les monumens dont le style me paraît plus ancien, ont, des deux côtés plus étroits, soit une continuation du sujet principal, soit des ornemens de fleurs et de vases; les bas-reliefs ont moins de saillie.

Un beau monument en marbre, qui paraît représenter le combat des Amazones, d'un bon travail et d'une conservation parfaite, a, pour couvercle, non une figure couchée, mais l'homme et la femme étendus près l'un de l'autre; le premier, avec une tranquillité et une indifférence extrêmes et presque stoïques peintes sur le visage, prend un des seins de sa compagne, tandis que celle-ci au contraire le regarde fixement d'un air qui exprime le désir. Le travail est très-bon; même les jambes et les pieds, qui dans la plupart de ces monumens ont quelque chose d'arqué et de trop court, sont d'un dessin correct et gracieux. Au cou de l'homme, pend un riche joyau; il est en marbre, mais une petite boîte en or, épaisse et en filigrane, très-bien exécutée, y était attachée, et aux ossemens étalés dans le sarcophage tenait encore une bague en or qui servait de monture à un bel onyx sur lequel était gravé un Jupiter d'un travail médiocre. A plusieurs figures en marbre, et surtout aux plus jolies en bronze, on voit des colliers semblables à ceux que les Indiens sauvages portent encore aujourd'hui.

Parmi les monumens en pierre, j'en veux encore citer un, long de sept pieds, mais sans inscription et sans couvercle; les bas-reliefs sont d'un très-bon travail, et, d'après leur style et le sujet, il appartient certainement à un des plus anciens de cette collection. C'est un sacrifice humain : trois hommes sont nus, couchés à terre, et tués à coups de marteau; un quatrième, encore cuirassé, est à genoux sur l'autel; les trois autres avaient également été revêtus de cuirasses, puisqu'on les voit étendues à côté d'eux. Il y a trois autels sur lesquels tombent les victimes : la Furie, les ailes déployées et le flambeau à la main, plane au-dessus de deux, appuyant un bras sur l'autel; une victime tombe à ses pieds.

Plusieurs de ces monumens, en marbre et en albâtre, ont été revêtus d'une couche de peinture : on remarque encore dans quelques endroits du rouge tirant sur le rose, et du jaune; il y en a un qui semble avoir été entièrement recouvert d'une couche de dorure : il est en général d'un bon travail, et intéressant surtout pour le costume; c'est un guerrier complétement cuirassé pour le combat, avec un bouclier richement orné et de forme ovale.

Dans cette collection je ne pus rien trouver qui se rapportât aux peuples ou aux héros d'Homère; ces sortes de sujets paraissent être plus fréquens à Volterra.

Parmi les sarcophages en terre cuite, qui pour la plupart sont peints, et qui ont encore des inscriptions tracées en rouge, il y a des morceaux excellens dans la collection de M. Casuccini. Ces monumens n'appartiendraient-ils pas en général à un temps plus ancien que celui des sarcophages en marbre et en albâtre, qui, peut-être à cause de la richesse de ces matériaux, n'ont commencé à être en usage que lorsque le luxe eut fait des progrès? Le rouge, le vert, le jaune et le noir sont les couleurs que je pus reconnaître; la première est la plus ordinaire. Le combat d'Étéocle et de Polynice, des dauphins peints en rouge entre des fleurs de lotus, et, entre des cyprès, la tête effrayante de la Gorgone, la langue tirée, sont les sujets le plus fréquemment représentés sur les monumens en terre cuite. On rencontre plusieurs urnes cinéraires de forme sphérique, avec des inscriptions peintes.

Parmi les bronzes, il n'y a rien de bien remarquable : quelques miroirs mystiques, avec des sujets gravés qui pourtant n'offrent rien de nouveau, quelques vases de belle forme et ciselés, enfin de jolis joyaux en or, sont tout ce qui mérite d'être cité. Parmi les médailles trouvées dans les champs de M. Casuccini, il n'y en a que de moyen et de petit bronze, du reste rien de précieux; toutes sont du temps des empereurs, les plus anciennes de Néron, les plus récentes de Commode et de Crispina. Parmi les vases de terre, il faut en citer deux grands, avec des figures noires peintes sur un fond jaune. L'un est gâté, et le sujet à peu près méconnaissable : la mauvaise pâte peut en être la cause; au contraire, la peinture du second est bien conservée : la forme ressemble à celle du vase que nous donnons *pl. III, fig. 1;* la pâte est grossière et épaisse; les figures noires, sur un fond jaune, sont peintes en rouge et en blanc. Le sujet est la naissance de Minerve, comme je ne l'ai pas encore vue représentée sur les vases, mais telle qu'elle s'offre sur les bas-reliefs et les miroirs mystiques. Sur ces derniers, outre Jupiter et Vulcain avec le marteau, on reconnaît Junon et Vénus. Sur le vase cité, Jupiter assis, d'une main tient la foudre, et de l'autre s'appuie sur un bâton. Il y a plus de cinquante figures en mouvement et en action; les unes aidant à Minerve qui sort tout armée de la tête du maître du tonnerre, les autres exprimant leur étonnement de ce prodige. Le sujet, ainsi que les physionomies, les vêtemens, les ornemens, etc., portent des preuves indubitables du temps le plus ancien, et donnent à ce vase un haut intérêt. La figure de femme, placée immédiatement derrière Jupiter, est certainement Junon, et derrière elle est Mercure. Si l'on pouvait attribuer la chaussure et les bottes recourbées d'une manière particulière à Vulcain, on pourrait reconnaître ici ce dernier dieu plutôt que l'autre, parce qu'il ne doit pas manquer à la naissance de Minerve. Du reste il convient de fixer l'attention sur les bottes recourbées en haut; car elles ressemblent parfaitement à la chaussure de la figure ailée que Creutzer (1) a indiquée dans son ouvrage sur la mythologie des anciens, comme étant le Mercure étrusque. D'ailleurs, cette sorte de bottes pourrait être particulière à Mercure dans les représentations que l'on voit sur les anciens vases; car dans les *Peintures des vases grecs* de Millingen (2), il y en a une (pl. XXXII) qui montre Mercure avec une chaussure semblable. Je possède un vase étrusque peint, qui offre aussi Thésée avec cette même chaussure. Mais revenons à notre sujet. Les trois figures, debout devant Jupiter, pourraient bien être Mars, Vénus, peut-être comme déesse des accouchemens, et la Victoire; cette dernière tient une guirlande. Sous la chaise sur laquelle Jupiter est assis, on distingue quatre caractères gravés; il a été impossible de décider s'ils expriment un nom ou si ce ne sont que des enjolivemens. Les ornemens particuliers à cette peinture se retrouvent aussi sur les vases étrusques découverts à Tarquinium. J'ai donné une figure de ce vase dans mon mémoire déjà cité (3).

Quelques grandes urnes noires ornées de têtes d'animaux en relief, de petites chaises,

(1) *Symbolik und Mythologie,* pl. II, fig. 3.
(2) Imprimées à Rome en 1813.
(3) *Notizie intorno alcuni Vasi Etruschi.*

des tables, des cuillers, des pots, des coqs, etc., tout cela de petite dimension, et con-
tenu dans un meuble ressemblant à une petite commode d'un pied carré au plus; enfin
un assortiment de jouets d'enfans comme nous leur en donnons au jour de l'an, et qui
est en terre noire non cuite, mais simplement séchée au soleil et à l'air, méritent d'at-
tirer l'attention, car ils appartiennent aux ouvrages étrusques en poterie, découverts depuis
peu de temps, et dont je m'occuperai plus tard.

Par malheur les monumens de cette collection ont été gâtés; lorsque les têtes man-
quaient aux figures couchées sur les sarcophages, on les a remplacées par d'autres qui,
ne s'accordant pas avec le reste, produisent un mauvais effet. Les vases ont été mal joints
et revêtus d'un vernis brillant, opération blâmable et déplorable.

Je dois aussi parler de quelques fragmens de sculpture en tuf que possède cette collection, et qui, je crois, appartiennent à la seconde période des ouvrages en pierre des
Étrusques. Cette espèce de monument ne se trouve malheureusement à Cortone, à Volterra et à Chiusi qu'en débris. Les physionomies rappellent l'Égypte, et ressemblent entièrement à la tête de Minerve des plus anciennes médailles athéniennes; les reliefs ont très-
peu de saillies. Plus tard j'en traiterai plus en détail, et je publierai quelques monumens
de ce genre, encore inédits, que j'ai été assez heureux pour acheter à Chiusi. Je regarde
comme de la plus haute importance pour la sculpture et l'art étrusques ces fragmens,
même les plus petits morceaux; car on n'en trouve que rarement, et seulement en petite
quantité. Mais hélas! ils sont en très-mauvais état dans cette collection, et en morceaux
si exigus, qu'il n'est pas possible de reconnaître l'objet; le mieux conservé, est un sphinx
ailé, auquel néanmoins la tête manque; car on ne lui en a pas fait une nouvelle, parce
qu'on craignait apparemment la vengeance du sphinx, dans le cas où l'on ne réussirait
pas à le deviner.

En entrant dans le palais de l'évêque, on voit, à droite de la porte, un bas-relief en
marbre d'un travail parfait, mais malheureusement très-fruste, qui paraît appartenir, par
le style et le caractère, au meilleur temps de la sculpture romaine. Il est composé de douze
personnages, et représente Méléagre qui tue le sanglier. Il y a de la vie et du mouvement
dans toutes les figures, qui contribuent par l'harmonie des diverses parties à former un
bel ensemble. Comme s'il avait été placé là pour servir de point de comparaison, cet
ouvrage admirable de l'art est vis-à-vis d'un sarcophage étrusque, dont le bas-relief offre
des figures, des positions, des draperies semblables à celles du sarcophage romain. Quand
on examine ces deux morceaux, on reconnaît dans l'étrusque une mauvaise imitation
d'ouvrages grecs et romains.

Dans la chambre du prélat on voit, dans une niche, une très-belle tête en marbre
trouvée à Chiusi; elle est probablement du temps d'Adrien, et représente l'empereur
Auguste avec le voile sacerdotal. On ne peut assez admirer la souplesse avec laquelle le
marbre a été façonné, la vie et l'esprit qui animent cette tête; M. Casuccini l'a prise pour
modèle d'une autre qu'il a fait placer à une figure couchée sur un sarcophage étrusque.

Le jardin épiscopal renferme plusieurs beaux monumens sépulcraux, ornés de sculptures et d'inscriptions, notamment une grande pierre carrée, avec des figures sur toutes
les faces; elles sont du style ancien dont il a déjà été question plus haut; l'action de la

pluie, du soleil et de l'air ont tellement dégradé cet ouvrage, fait en pierre tendre, qu'il ne subsiste plus que dans un petit nombre d'endroits quelques restes de sculptures; il est couvert de mousse et de moisissures. On doit regretter que le prélat n'accorde pas plus d'attention et de soin à ces antiquités précieuses, obtenues par des fouilles faites dans son jardin. Il s'y trouve comme ornement plus de vingt pierres taillées d'une manière parti-culière, entre autres une sphère aplatie posée sur un socle carré : j'en ai déjà vu de sem-blables ça et là sur les murs de Cortone, de Fiesole, de Chiusi; et je suis disposé à partager l'avis des personnes qui les regardent comme les plus anciennes indications des sépul-tures. A Volterra elles sont maintenant d'excellens guides pour trouver les antiques chambres sépulcrales des Étrusques (1). Dans le jardin de M. Paolozzi, il y a une de ces pierres, cachée aux yeux profanes par les rosiers et les myrtes, mais sur la boule aplatie est sculpté un Priape long de trente-trois pouces, en érection, et d'un travail parfait; le tout est d'une seule pierre. Cela pourrait contribuer à corroborer l'opinion rapportée plus haut sur l'usage de ces pierres, puisque dans l'antiquité la plus reculée le phallus était placé sur les tombeaux; coutume pleine de sens et de raison, qui associait le principe de la vie aux monumens funéraires.

La collection de M. Paolozzi, riche surtout en pierres taillées, mérite une attention particulière. Cet amateur opulent et éclairé a dépensé des sommes considérables pour obtenir ce qui a été trouvé à Chiusi et dans les environs, afin de le déposer dans son muséum, véritable trésor national pour sa patrie; cette intention mérite toute la recon-naissance de ses concitoyens. Sa collection ne renferme pas un grand nombre de monu-mens en pierre, mais le peu qu'il en a est remarquable; elle en possède un de style ancien très-bien conservé, quoique dégradé en quelques endroits. On y voit aussi plusieurs fragmens et une ancienne statue comme on en rencontre quelquefois dans les chambres sépulcrales: elle appartient certainement aux plus antiques monumens du pays, et l'on peut se convaincre par là que dans une même chambre on rencontre des sarcophages et des mor-ceaux de sculpture des toutes les périodes et de tous les styles. Parmi les fragmens dont je viens de parler, il s'en trouve un que M. Micali a publié, pl. xvi de son ouvrage sur l'Italie avant la domination des Romains. L'original offre un Silène à longues oreilles pointues, et avec la véritable physionomie d'un satyre (2); la femme est une longue figure drapée d'une manière singulière, tandis que chez M. Micali la tête du satyre ressemble à une tête de Jupiter; la queue du personnage diffère aussi beaucoup de celle de l'original. Creutzer parle également de ce fragment dans son ouvrage sur la mythologie (3); sans doute il n'aurait pas manqué de faire mention des longues oreilles, si caractéristiques, si le dessin les eut représentées fidèlement. On appelle ce morceau un autel, et cependant ce n'est qu'un fragment de sarcophage. Voilà une preuve manifeste des erreurs que peuvent

(1) Je dois ce renseignement à M. le baron de Luck, officier de la garde royale de Prusse, qui, par goût pour les antiquités étrusques, a fait un voyage à Volterra.

(2) Je possède un fragment où ce Silène est entièrement semblable à celui dont il est ici question. La pl. xii, fig. I a, b, c, le représente de demi-grandeur; la fig. I b est la continuation de la fig. I a : c'est au-dessus que se trouve l'inscription fig. I c.

(3) *Mythologie und Symbolik*, iii Theil, p. 206.

occasioner les copies fautives des monumens. L'autre côté de ce morceau a, dans l'ouvrage de M. Micali, un caractère grec très-noble, et une expression de visage parfaite, tandis que l'original nous montre des visages pointus et saillans, et des yeux peu ouverts, comme on les voit dans les ouvrages égyptiens; les mains et les pieds sont dans l'original très-longs, mais mal dessinés et entièrement contournés, tandis que dans la copie ils sont de formes et de proportions correctes; enfin les ornemens d'architecture diffèrent complétement de ce qu'ils sont dans l'original. Il en est de même de la disposition des figures, par exemple, le siége et la position des pieds, dans le compartiment à droite. Malgré mon estime pour les travaux de M. Micali, je dois faire observer que les mêmes fautes se trouvent dans la plupart des dessins de son ouvrage; et en exprimant franchement ma façon de penser à ce sujet, je suis persuadé que cet homme respectable conviendra avec moi que l'équité sévère n'exclut pas l'amitié, et qu'en parlant avec sincérité ou donne un véritable témoignage d'estime.

Pour confirmer ce que je viens de dire des dessins dont j'ai parlé, et pour engager à l'avenir à comparer soigneusement soi-même avec l'original ce que l'on fait copier, et à ne pas s'en rapporter uniquement aux yeux et à la main du dessinateur, je vais encore ajouter quelques observations sur les planches de l'ouvrage de M. Micali. Dans la xxxii', quelle beauté de formes, de proportions et de position, quelle expression dans tous les mouvemens dans cette composition, que l'on prendrait volontiers comme étant de la période où l'art florissait en Grèce! et cependant l'original appartient aux plus mauvais ouvrages de ce genre, et ne peut être considéré que comme étant du temps de la plus grande décadence de l'art chez les Étrusques; on n'y trouve pas la moindre trace de ce que montre le dessin. Il en est de même de la pl. xxxiii, où l'inexactitude se montre jusque dans la représentation de la roue; les lettres non plus ne sont pas copiées exactement, et une seconde inscription, de plus de quatorze lettres, a été entièrement oubliée; enfin il y manque le couvercle, ainsi que les surfaces des côtés, si remarquables dans les monumens étrusques. Toutefois le travail de ce sarcophage n'est pas d'un style si mauvais ni si abâtardi que celui du précédent. M. Paolozzi est possesseur de ce monument; ainsi j'ai pu faire soigneusement les comparaisons qui m'étaient nécessaires. Le bel autel, de forme ronde et d'un travail parfait, pl. xviii, est mal rendu dans la copie, qui en fait une chose toute différente de l'original. Du reste je dois dire ici que l'infatigable M. Micali, animé d'un véritable enthousiasme pour la gloire de l'antiquité étrusque, prépare une nouvelle édition de son livre, ou plutôt en fait un ouvrage nouveau, qui ne sera plus accompagné de gravures inexactes. J'ai vu une partie de ces derniers dessins, et je puis en faire l'éloge d'après le souvenir qui me reste des originaux; il faut espérer que le graveur suivra fidèlement ces dessins, et ne s'amusera pas, ainsi que cela arrive souvent, à embellir les ouvrages de l'antiquité. Aussi, ce qui conservera à M. Inghirami un rang éminent comme éditeur de monumens anciens et modernes, c'est qu'il est non-seulement dessinateur, mais aussi graveur et lithographe, et son charmant *Badia Fiesolana* réunit aux ateliers de ce genre une imprimerie en lettres et une autre en taille-douce. Cependant je blâmerai souvent chez M. Inghirami, et plus encore chez M. Micali et dans les ouvrages des autres archéologues, l'usage de faire les dessins un peu au hasard, ou de les laisser faire au dessinateur sans adopter une mesure déterminée, par exemple, soit la moitié, le tiers, le quart, etc., de l'original. Voilà pourquoi celui qui examine ces gravures se fait en général une idée très-fausse des proportions des diverses parties.

La collection de M. Paolozzi est riche en beaux vases; j'en citerai deux ornés de peintures, et qui ont été trouvés à Chiusi; les figures sont en noir, sur un fond jaune : c'est le combat de Thésée et du Minotaure; il y a une inscription en caractères grecs : l'on peut encore lire les noms, mais difficilement. Thésée, avec la barbe en pointe, les cheveux bouclés, et un vêtement qui lui serre les reins, saisit le Minotaure à la gorge, et lui enfonce son glaive dans le corps; le Minotaure debout, ayant entièrement la forme humaine, sauf la tête de taureau, repousse Thésée d'une main, et de l'autre tient un instrument de la forme d'une palette, assez semblable à une patère à long manche ou à un miroir. Le côté postérieur du vase montre quatre personnages enveloppés de longs vêtemens. Un second vase nous fait voir d'un côté Persée courant, qui tient à la main la tête de Méduse, de l'autre Bacchus avec tous ses attributs, dans la même position, et faisant le même mouvement.

Parmi les anciennes urnes étrusques noires il y a aussi des objets remarquables, par exemple celle qui offre une Chimère (*voyez pl. xi, fig. 2*).

La collection ne possède pas beaucoup de bronzes; mais ils sont beaux. Je n'en vais cependant citer aucun d'important. Je regarde comme intéressant un instrument en forme de crochet (1) qui y est fréquent et qui se voit aussi dans la collection de Bonn; il me semble être d'une valeur inappréciable pour nos provinces du Rhin.

Le nombre des médailles de la collection de Paolozzi est très-considérable. Je ne parlerai pas de celles qui sont plus communes, ni des fausses de Matidia, Marciana, Plautilla, Annia Faustina, etc.; je me contenterai de citer parmi les médailles de bronze, un Gordien d'Afrique parfaitement conservé, un *Capua* en bronze avec une inscription étrusque; parmi les pièces d'or quelques bonnes médailles de la famille Claudia, celles des derniers temps de l'Empire romain, très-bien conservées, telles que Valérien, Anastase, Justinien, Héraclius, Carus, Théodose, Valentinien, Avitus; et parmi les pièces en argent, Julien, Atalaric, Baduila, Thaïa, etc.

Ce qui, indépendamment des vases en terre noire avec des reliefs, donne à Chiusi une haute importance pour l'art antique, est la grande quantité de pierres gravées, surtout de scarabées; on peut croire que les principaux graveurs en pierres fines demeuraient dans cette ville. Après une forte pluie, quand l'eau s'est écoulée, les paysans vont à la recherche des pierres gravées et y envoient leurs enfans; ordinairement la troupe revient au logis avec un bon butin.

La collection de M. Paolozzi possède plus de deux cents pierres gravées, et dans ce nombre il y en a un très-considérable de scarabées. Je ne ferai mention que de quelques pierres importantes pour l'art et pour la mythologie; elles ont toutes été trouvées à Chiusi et dans les environs; une Diane d'Éphèse à deux visages, en cornaline; une tête d'Hercule qui, par l'expression, l'arrangement de la chevelure et la barbe, ressemble beaucoup aux

(1) Dans la magnifique collection du Vatican l'on conserve plusieurs de ces instrumens, et on pense que ce sont des instrumens de martyre qui ont servi à tourmenter les premiers chrétiens; opinion qu'il est difficile de partager.

têtes de Jupiter, mais la massue, que le graveur a ajoutée comme symbole, ne laisse aucun doute : l'ouvrage est des meilleurs temps de l'art grec; la tête est surmontée d'un oiseau dans lequel on a voulu voir une caille, ce qui a fait regarder cet Hercule comme l'Hercule Phénicien. Selon Creutzer un Mythe nous apprend qu'Hercule fut attaqué de l'épilepsie, maladie pour laquelle la cervelle de caille est un spécifique; il est par conséquent très-naturel qu'Iolas ait choisi la caille pour soulager Hercule blessé et évanoui. Depuis cette époque les Phéniciens sacrifièrent des cailles à Hercule. Du reste il est intéressant de retrouver ce dieu véritablement Phénicien à Chiusi, chez les Étruriens. La pierre est un jaspe de deux couleurs, rouge et jaune; sa longueur est de six lignes, sa largeur de quatre. Je citerai encore un Ulysse assis tenant devant lui un bélier: s'est-il déjà échappé de la caverne du cyclope, ou bien fait-il ses préparatifs pour en sortir, c'est ce qui reste indécis; l'ouvrage est grec, en sardoine et parfait: enfin un Bacchus barbu, assis, tenant le thyrse, devant lui un autel avec une coupe dans laquelle un vieillard verse du vin d'une outre; très-ancien ouvrage en sardoine. Je passe sous silence plusieurs pierres et des scarabées très-beaux; mais j'ajouterai un anneau en or antique, épais, lourd, sur lequel est gravé un serpent, avec cette inscription à l'entour : ΕΠΙΔΑΥΡΙΟΝ ; enfin une pierre nationale pour Chiusi, Mutius Scævola, au moment où il étend la main dans le brasier ardent. L'ouvrage, en cornaline, est ancien et rempli d'expression. On sait que Porsenna avait son quartier général à Chiusi (1).

Il n'y a presque pas d'ecclésiastique à Chiusi qui ne possède des restes précieux d'antiquités trouvés dans les environs, et notamment des pierres gravées et des scarabées. J'ai vu chez M. Jean-Baptiste Pasquini, vicaire-général, homme docte et poli, une vingtaine de scarabées et plusieurs pierres gravées qui se distinguent par le choix et la beauté, entre autres un scarabée long d'un pouce et large de six lignes, représentant Hercule se reposant après ses travaux, ou y réfléchissant. Il est assis, penché, la tête appuyée sur la main, de l'autre main il tient sa massue sur une pierre; dans le champ devant lui, son nom, en caractères étrusques, se prolonge jusqu'à son dos. Ce n'est pas seulement la beauté du travail qui, dans différentes parties, telles que les pieds et le bas du corps, rappelle l'ancien style étrusque, c'est aussi, et surtout, le scarabée qui est taillé en forme de camée; ses longues pates sont distinctes de la masse qui forme le corps de l'insecte : celui-ci est taillé dans une cornaline rouge, tandis que vers les pieds et la surface plate la pierre passe à une très-belle calcédoine. Quelques antiquaires élèvent des doutes sur l'authenticité de ce morceau. Mais, de toutes les parties de l'art des anciens, c'est celle des pierres gravées où il est le plus difficile de prononcer avec certitude sur ce qui est authentique ou ne l'est pas, puisque de nos jours il y a des maîtres qui peuvent hardiment se placer à côté des anciens. Si ce scarabée était réellement un ouvrage de l'art moderne, une simple imitation du style antique, du travail antique, il n'en mériterait pas moins d'être admiré, et n'en serait pas moins un ornement pour un cabinet.

(1) J'ose espérer que le respectable M. Paolozzi ne prendra pas en mauvaise part, dans le cas où cet ouvrage tomberait sous ses yeux, que j'adresse à sa belle collection le reproche d'avoir admis des objets faux et absolument étrangers à son but. On devrait considérer que ce n'est pas la quantité, que ce sont la qualité et l'authenticité des objets qui donnent de l'importance à une collection locale.

Parmi les scarabées il s'en trouve aussi un semblable à celui que M. Micali a fait dessiner pl. LVI, fig. 5, car la massue que tient l'homme couché sur cinq vases (chez M. Pasquini), et qui est très-grossièrement dessinée, n'indique-t-elle pas un Hercule, et les vases ne font-ils pas allusion à son immortalité? M. Micali s'exprime en ces termes sur la pierre analogue : « Un baladin sur une corde à laquelle sont suspendus six vases de métal, qui fai- « saient une harmonie; il tient dans ses mains deux contre-poids d'une forme singulière : « scarabée en cornaline (1). » Mais d'où sait-on que ces vases sont de métal, et que cet homme est un danseur de corde? M. Pasquini possède aussi une belle collection d'antiques métaux d'Italie, la plupart trouvés près de Chiusi, de Volterra et d'Orbitello; plusieurs ont des caractères etrusques.

M. Carducci, chanoine, a une collection de scarabées qui mérite d'être vue, surtout un scarabée en cornaline magnifique, dont la surface plate représente Hercule retenant une femme qui s'enfuit, probablement Iole; l'inscription, en caractères étrusques, offre le nom d'Hercule. Ce héros, gravé grossièrement et sans goût, est assis sur une pierre; Iole, le corps disposé comme pour s'en aller, tourne vers Hercule sa tête qui est coiffée d'une espèce de perruque très-renflée par derrière. D'une main Hercule tient le sein d'Iole, et de l'autre, qui est pendante, un miroir. La femme est d'un travail parfait; ce qui rend cette pierre remarquable, puisque l'on y observe deux styles.

Je trouvai chez M. Papi, chanoine, une statue de femme assise; malheureusement la tête manque; elle est en tuf, haute d'environ trois pieds. Deux lions ailés forment la chaise, qui ressemble assez à celle des évêques sur les sceaux du moyen âge; sur le dossier est suspendue une peau de lion; la main restant de la statue tient une pomme. Je crois reconnaître dans cette figure une Proserpine. M. Papi possède aussi un nombre considérable de têts de vases de terre cuite avec des peintures, qui ont été trouvés dans les champs voisins de Chiusi et dans les chambres sépulcrales. Mais la collection la plus importante de vases en terre noire, avec des figures en relief appliquées sur leur contour, est celle de M. Antonio Mazetti, chanoine, dont la figure belle et expressive prévient en sa faveur : il a surtout un choix des plus beaux et des plus rares de ces vases; les objets en bronze offrent aussi de belles choses; enfin un étranger ne parcourra qu'avec satisfaction la chambre remplie de ces restes d'antiquités.

La plus riche collection de vases est celle de M. le capitaine Tozzi, qui s'est principalement attaché à cette branche de l'art ancien. Toutefois je pourrais répéter ici le reproche d'avoir mêlé à ces antiquités locales des choses qui leur sont étrangères et ne leur appartiennent en rien. Quand même les possesseurs actuels sauraient tout distinguer et séparer, ce ne sera plus possible pour leurs successeurs, puisqu'il n'existe pas d'inventaire; alors la confusion sera répandue dans l'archéologie, au moins pour un lieu, ou bien la collection perdra de sa valeur et de son intérêt comme collection locale (2).

A peu près à trois milles de Chiusi, à peu de distance du petit lac si heureusement

(1) Un ballerino di corda alla quale stanno appesi sei vasi di metallo, che facevanno un armonica ; tiene nelle mani due contrappesi di foggia singolare ; scarabeo in carniola.

(2) Cette collection, la plus considérable de vases anciens en terre noire et de vases peints trouvés à Chiusi, a passé dans la mienne.

situé, mais qui par ses exhalaisons rend ce terrain inférieur très-insalubre, un chemin
conduit, par des plantations de vignes, d'oliviers et de figuiers, qui alternent avec des
chênes verts, à une ferme appartenant au Grand-Duc, et dans laquelle on a découvert, il
y a quelques années, une voûte sépulcrale entière, d'ancienne construction étrusque, et
que jusqu'à présent on a laissée intacte et conservée religieusement avec tout ce qui y a
été trouvé. La voûte et les murs qui la soutiennent ont, dans leur construction et dans
l'assemblage des pierres sans mortier, beaucoup de ressemblance avec le caveau que
j'avais vu à Cortone. Le sentier qui mène à cette chambre sépulcrale des temps anciens
plaît déjà par la magnifique vue du lac, sur les bords duquel s'élèvent deux tours antiques, qui donnent un aspect romantique au paysage. La lune brillait déjà sur l'horizon
quand nous arrivâmes à la ferme. Les portes, parfaitement conservées, consistent en deux
grandes dalles de pierre, dont l'une se meut dans une emboîture de pierre; elles im-
priment à ce monument un caractère colossal; mais si nous fûmes satisfaits de ce superbe
ouvrage, nous ne pûmes assez admirer la construction parfaite de la voûte. La chambre
sépulcrale a dix pieds de large sur douze pieds de long; autour des trois côtés intérieurs
règne un banc haut de six pouces et large de deux pieds: il supporte huit sarcophages en
pierre, dont le plus grand peut avoir quatre pieds de long. Tous ces monumens sont
ornés de sculptures, et me semblent, par leur style, annoncer une époque bien plus
ancienne et une période meilleure et moins gâtée par les imitations que la plupart des
monumens de ce genre que j'avais vus à Chiusi.

Le plus ancien et le plus beau des huit sarcophages me paraît être celui qui est long
de trois pieds, et placé vis-à-vis de l'entrée. Le couvercle est arqué, simple, sans figure;
la surface inférieure offre un tigre, d'un travail parfait, portant un homme nu. On peut
dire avec vérité que cette sculpture est grandiose, et qu'avec un petit nombre de moyens
elle produit un grand effet. On retrouve un style aussi pur dans les autres monumens qui
représentent des chevaux marins ailés, des têtes de Méduse, et d'autres ornemens simples.
La figure humaine couchée sur le plus grand de ces sarcophages peut être qualifiée un
bon ouvrage; la partie du corps nue jusqu'au nombril, et la simplicité des plis de la
draperie, décèlent la période la plus ancienne et la meilleure.

Nous avions pour guide dans cette voûte sombre un véritable ange; c'était une jeune
fille tenant une lampe à la main. Sa physionomie, qui exprimait la candeur et la naïveté,
l'air de santé qui brillait sur son visage, offraient un contraste frappant avec les restes
inanimés qui nous entouraient. Il était dix heures du soir quand nous sortîmes de ce
tombeau. Nous étions éclairés par la lune en retournant chez nous, par un chemin plus
court que nous firent prendre, à travers un joli bocage de chênes, des paysans regagnant
leur demeure. A minuit nous rentrâmes dans Chiusi.

M. Vermiglio de Pérouse a composé un mémoire intéressant sur cette chambre sépulcrale, et sur les monumens qu'on y a trouvés; il a essayé principalement d'expliquer les
inscriptions des sarcophages, travail pour lequel M. Pasquini de Chiusi lui a fourni des
renseignemens importans.

J'ai visité aussi trois chambres sépulcrales étrusques, situées à deux milles et demi à
l'ouest de Chiusi, dans un joli bois de chêne, et découvertes depuis un an à peu près; elles

ne sont pas construites comme la précédente des bords du lac en grands quartiers de pierre sans ciment, elles sont creusées en voûte dans la montagne de tuf, et à peu près de la grandeur de celle que je viens de décrire. Le terrain et le trésor qu'on y a découvert appartiennent à un couvent de religieuses. Ces chambres renferment une quantité de sarcophages en marbre, en albâtre et en terre cuite, tous avec de riches sculptures et des inscriptions étrusques; la plupart de ces monumens, du moins autant que j'ai pu en juger à la lumière des lampes, appartiennent à la période que M. Casuccini leur a assignée.

Une de ces chambres sépulcrales est sans contredit la plus remarquable par les peintures de ses parois, et jusqu'à présent, on n'a rien découvert de semblable dans ce canton. Elle ne contenait aucun monument avec des sculptures, mais le sol était jonché de débris de vases peints, d'où l'on peut conclure qu'antérieurement cette chambre avait été pillée. Sur le bord supérieur de la voûte règne une peinture haute d'environ deux pieds; elle offre beaucoup d'analogie avec celles qui ont été découvertes à Tarquinium, et repré-sente des exercices gymnastiques, des courses de chevaux et de chars, des lutteurs, des hommes qui lancent le disque, d'autres qui courent, etc. La lumière des lampes était très-faible; et me conformant au conseil de mes amis de Chiusi, je ne restai pas long-temps dans cette grotte très-humide, parce que je craignais d'y gagner la fièvre : d'ailleurs je ne voulais rien y copier, puisque des savans se sont déjà acquittés de ce soin; car ils s'occupent beaucoup de monumens inédits, mais ils les font paraître de telle manière que ce qu'ils publient laisse, pour quiconque a des yeux, ces monumens dans leur état d'inédits.

Les architraves sont en partie sculptées avec élégance dans le tuf, en partie peintes; le rouge joue aussi le principal rôle dans ces peintures. M. Micali les a fait dessiner en hiver, temps où il est possible de le faire sans avoir à craindre la fièvre. J'ai vu ces des-sins à Florence; comme je venais de considérer l'original dont la mémoire m'était ainsi bien présente, ils m'ont paru bons, mais malheureusement de trop petite proportion. M. Micali les destine au nouvel ouvrage dont j'ai parlé plus haut.

Dans la troisième de ces chambres sépulcrales, il y avait une statue gâtée entièrement par le temps et l'humidité, et d'ailleurs sans jambes et sans pieds. Le visage, et en général toute la partie antérieure est complétement méconnaissable. La partie postérieure est mieux conservée; on peut encore y reconnaître le style ancien : les cheveux pendent en longs chignons noués à plusieurs reprises, comme dans une figure de femme de Java, représentée dans un de mes ouvrages (1). C'est peut-être la première pierre sépulcrale par laquelle ces tombeaux ont été consacrés. Dans la collection de M. Paolozzi, on voit une statue semblable; j'ai obtenu la possession de la troisième de ce genre qui ait été trouvée à Chiusi. Cette dernière représente je crois un guerrier; c'était sans doute aussi un monu-ment sépulcral, peut-être destiné à servir de gardien aux tombeaux. On a démontré que des figures semblables, placées devant des temples, désignaient les gardiens de ces édifices. Ce soldat a un casque pareil à celui des guerriers qui sont représentés sur les vases noirs.

_____

(1) *Museum für alte sprache und kunst* (2ter Band).

Il tient devant sa poitrine un bouclier avec la tête de Méduse, et de la main droite une lance, qui ressemble de même à celles que l'on voit sur les anciens vases. C'est d'après ces modèles que j'ai fait restaurer cette statue de guerrier. (Voyez la *pl. xi, fig.* 1); il y est, comme dans l'original, difforme et mal fait.

Il règne dans toutes les parties de cette figure un manque absolu de proportions : je crois que, de même que les deux autres de Chiusi, elle n'a pas eu de jambes, que la statue n'étoit travaillée que jusqu'à la partie inférieure du tronc, et que plus bas elle se terminoit en Hermès, ou plutôt qu'elle peut avoir servi de couvercle à une urne (1). Plusieurs savans de Florence ont voulu reconnaître un Persée dans cette figure; mais je ne puis partager cette opinion. Quoi qu'il en puisse être, le travail me semble appartenir au temps le plus ancien. La figure a jusqu'au nombril dix-huit pouces six lignes.

Avant de parler plus en détail des vases noirs dont il a été fréquemment question, je veux encore faire mention des monumens en tuf sur lesquels on trouve des sculptures du plus ancien style étrusque, où l'on ne reconnaît pas la moindre imitation des Grecs ni des Romains, et qui par conséquent pourraient bien, avec les vases noirs, être regardés comme ce qu'il y a de plus national. On ne rencontre ces ouvrages que très-rarement, et seulement en fragmens. Voilà pourquoi je me suis attaché à acquérir tous ceux de ce genre que j'ai pu me procurer à Chiusi, seul lieu où on les trouve. J'ai réussi à obtenir tout ce qui en étoit épars et conservé dans cette ville, et entre autres le bas-relief qui est reconnu pour être le plus ancien morceau de sculpture (*pl. x, fig.* 5). La galerie du Grand-Duc à Florence ne possède que deux fragmens sur lesquels il ne reste plus que les pieds des figures, mais rien de ces sculptures.

Le bas-relief en question est en tuf; il a encore neuf pouces trois lignes de haut et onze pouces six lignes de large; il représente deux guerriers assis, et trois autres debout : il paroît que ce sont des chefs qui délibèrent. La scène peut être regardée comme à peu près terminée; ainsi l'ouvrage peut passer pour entier, et je crois qu'il n'y manque que peu de chose. La pierre étant une des plus importantes de cette période des arts a été souvent dessinée, mais n'a pas encore été publiée, par exemple, par M. Micali; je ne crois pas que ces premiers dessins, faits lorsque cette pierre n'avoit pas encore été nettoyée, correspondent à l'original. En les comparant avec la copie de demi-grandeur de l'original que l'on voit *pl. x, fig.* 5, on s'en convaincra à l'avenir, dans le cas où d'autres publieraient encore cette pierre. Le travail, ainsi que je l'ai dit plus haut, me semble exempt

(1) On peut espérer de voir bientôt publier par M. Inghirami un monument de cette espèce, trouvé dans le Val Chiana, et que cet antiquaire actif et infatigable a découvert et déjà dessiné. Jusqu'à présent c'est le premier et l'unique en son genre; il a une inscription étrusque. Le monument est actuellement dans la possession de M. Raoul-Rochette. Et, à ce sujet, je ne puis omettre de remarquer qu'ayant eu l'occasion de voir un si grand nombre d'inscriptions étrusques différentes, je suis intimement convaincu que les signes gravés sur un des grands lions de l'arsenal de Venise sont de l'écriture étrusque, qui, sur tant de monumens, est disposée en demi-cercle comme sur ces lions. J'espère obtenir, par l'intermédiaire d'un ami, une empreinte en plâtre de ces caractères; et alors on verra clairement qu'il n'y faut chercher ni caractères runiques ni alphabet grec. Akerblad voulait y reconnaître des runes : il a écrit un mémoire intéressant sur ces lions.

de toute imitation étrangère, et vraiment national. Peut-être, en considérant ce monument de l'art étrusque, pensera-t-on que la pierre gravée de la galerie de Berlin, qui est un scarabée, représente les cinq héros devant Thèbes. Les figures de notre bas-relief sont animées et pleines de vie, quoique le travail soit grossier et imparfait. La sculpture est importante pour le costume, les armes, etc. Toutefois je n'oserai pas déterminer quel est l'objet que tient à la main la figure assise au milieu; il ressemble à un fléau, comme on le voit fréquemment dans les monumens égyptiens. On doit surtout remarquer la chaussure, et notamment celle de la figure armée d'un casque, d'un bouclier et d'un javelot, et qui a à la tige de ses bottes ornée de têtes humaines (1). Le relief a peu de saillie. Les ouvrages appartenant à cette période, la plus ancienne de l'art, sont de même sculptés peu profondément; mais ils décèlent une connaissance de l'art grec et la grande influence qu'il a exercée, quoique l'on reconnaisse toujours que le goût national domine.

Je regarde également comme étant de cette periode les bas-reliefs de ma collection qui ont été trouvés à Chiusi, et qui sont représentés *pl. xii*, *fig.* 1 *a*, *b*, *c*, de demi-grandeur, et *fig.* 2 d'un tiers de grandeur de l'original. Le travail en est beaucoup plus élégant, moins caractérisque; le jet des plis est travaillé avec plus de soin et mieux fini. Cependant, autant qu'il est possible d'en juger par ces fragmens, je crois observer plus de contrainte dans les mouvemens et les gestes. Un morceau de la collection de M. Paolozzi, semblable à celui de la *fig.* 1, *pl. xii*, a été publié par M. Micali, pl. xvi de son ouvrage cité plusieurs fois; mais il y est dessiné avec cette inexactitude que j'ai déjà eu l'occasion de blâmer.

Le fragment représenté *fig.* 2, *pl. xii*, a seulement de l'intérêt pour le style et pour l'art; on y aperçoit aussi, sur les deux surfaces plates, des restes qui font présumer la forme de l'ensemble, et juger avec beaucoup de vraisemblance que ces pierres sont des débris de sarcophages. Indépendamment de ces fragmens que je publie, j'en possède d'autres du même genre, mais qui ne peuvent fournir rien pour l'art ni pour la mythologie. Du reste on m'a fait concevoir à Chiusi l'espérance d'obtenir les morceaux qui manquent; et mon digne ami M. Mazzetti doit faire faire des recherches dans le lieu où les premiers ont été découverts.

Je publie, *pl. xiii*, un sarcophage en terre cuite trouvé, durant mon séjour à Chiusi, dans le même champ que la figure représentée *pl. xi*, *fig.* 1. Je la donne tant parce que les monumens de ce genre ne sont bien rendus que dans le grand et précieux ouvrage de M. Inghirami qu'on ne se procure pas aisément, que parce que ce sarcophage se distingue par le bon style et la pureté du travail de la figure couchée sur la partie supérieure. Ce sarcophage a dix-sept pouces six lignes de long, huit pouces de large, avec le couvercle vingt-trois pouces de haut, et la forme oblongue ordinaire; la partie creuse intérieure a onze pouces six lignes de haut. Il est orné par devant d'un bas-relief représentant le combat d'Étéocle et de Polynice, et le couvercle porte une figure de femme à moitié levée, probablement l'image de celle à laquelle ce monument est consacré. L'humidité a détruit dans les bas-reliefs les contours très-déliés et les couleurs dont ils étoient peints;

(1) Achille porte des bottes décorées également de têtes humaines, dans le tableau d'un vase publié par Millingen, dans son ouvrage sur les Vases. *Rome*, 1813, pl. xlix.

toutefois on peut l'appeler bien conservé, et il n'est endommagé dans aucune de ses parties. Au milieu de la scène, les deux frères se battent; l'un est déjà tombé à terre; de
chaque côté se voit une Furie ailée, une main armée du flambeau, l'autre étendue vers un
des combattans comme une victime qui ne peut manquer de lui appartenir. Le style de ce
bas-relief, dont la saillie est de neuf lignes, surtout celui de la figure de femme couchée
au-dessus, me confirment dans la persuasion que les sarcophages en terre cuite sont plus
anciens et d'une meilleure période que les ouvrages en marbre et en albâtre : certainement ces derniers ne parurent qu'avec les progrès du luxe et de la corruption. Il y a dans
ce bas-relief de la vie et du mouvement, la pose des figures est noble et sans nulle contrainte;
les plis des draperies sont simples et bien jetés. On peut dire que la figure couchée sur
le couvercle est parfaite jusqu'aux genoux, mais au-delà un peu courte. M. Inghirami
publiera cette figure, dans son nouvel ouvrage (1), comme modèle du bon style de l'art
étrusque, notamment sous le rapport du jet des plis. Cet auteur a représenté dans ses
Monumenti etruschi, tom. VI, V, pl. 2, ce même sujet, mais appartenant à une période
bien plus moderne. La comparaison fait voir que dans les temps postérieurs on ne savait
plus en Étrurie imiter les bons modèles des temps anciens. Ce sarcophage porte encore
en plusieurs endroits des traces de peinture, notamment la figure de dessus; malheureusement il ne s'y trouve pas d'inscription. La couleur rouge a été aussi la plus employée. Il
est surprenant que les figures qui ornent les couvercles de ces monumens sépulcraux
soient toujours représentées assises et même agissantes, tandis que, dans le moyen âge, et
même de nos jours, on s'est attaché à les montrer endormies ou mortes. Je pourrais également trouver là le motif pour lequel la couleur rouge que, dans l'antiquité, on donnait aux vainqueurs et aux triomphateurs est la plus employée dans les figures dont je
viens de parler.

J'arrive maintenant à une trouvaille faite peu de jours avant mon arrivée à Chiusi, et
que j'acquis au moment où elle venait d'être effectuée. Voici les objets qui furent tirés
de terre :

a. Petit vase rond en bronze, avec une anse ornée que soutiennent deux têtes de satyres
sur les bords du vaisseau. La forme n'offre rien de nouveau; hauteur cinq pouces, plus
grand diamètre quatre pouces six lignes. La tête de satyre, d'un travail parfait (*pl. XVI,
fig.* 4), est de la grandeur de l'original.

b. Grande jatte en bronze, diamètre dix pouces six lignes, hauteur du bord deux
pouces. D'un côté il y a une anse dont le travail est délicat et plein de goût; elle est haute
de cinq pouces six lignes et encore mobile dans ses charnières. La finesse du métal et en
général la beauté du travail font croire que ce vase n'était pas destiné aux usages domestiques (*pl. IV, fig.* 10).

c. Tête de tigre en bronze.

d. Trois vases en terre, deux ronds avec l'ouverture du col étroite et courte; hauteur
trois pouces, diamètre trois pouces : sur le ventre du vase sont peintes trois oies entre des
boules ou des pommes; les plumes sont tracées à la pointe : figures noires sur un fond

(1) *Voyez Kunstblatt,* n°. 71, 3 septembre 1827. Lettre à M. Creutzer, par M. Dorow.

jaune. Ces deux vases, semblables à des boules (*pl. iv, fig.* 9), sont peut-être consacrés à Proserpine comme déesse des morts, quoique l'oie soit dédiée à Bacchus-Priape. Elle pourrait bien ici se rapporter au service de cette déesse, puisque la partie inférieure du troisième vase offre des lièvres peints (*pl. iv, fig.* 11); car M. Creutzer démontre, avec autant d'esprit que de sagacité, que le lièvre est un symbole des tombeaux. Ce troisième vase a six pouces de haut, et se prolonge, en diminuant graduellement de grosseur, jusqu'au rétrécissement du col; la surface inférieure a deux pouces de diamètre. Le col, jusqu'à la moitié du ventre, est peint de larges raies brunes; la partie inférieure offre au contraire, comme je l'ai déjà dit, trois lièvres de couleur brune sur un fond jaune.

Il se trouva aussi dans cette fouille une pièce en bronze, ronde, avec un manche, couverte de rouille, de cendres, de terre, etc. On pouvait bien la prendre pour un miroir mystique, quoique l'on n'y aperçût ni figure ni inscription gravée. Je commençai à la nettoyer, opération que la dureté de la rouille, égale à celle de la pierre, rendait très-difficile; mais je fus amplement dédommagé de ma peine, car la surface intérieure de ce miroir m'offrit de riches ornemens sur ses bords, et quatre figures gravées, chacune avec une inscription étrusque. Elles sont représentées (*pl. xv*) de la grandeur de l'original; au milieu on voit une figure vêtue d'un habillement court, coiffée du bonnet phrygien, autour duquel est tressée une couronne de laurier; c'est peut-être ce qui décide si cette figure représente un homme ou une femme; de son bras gauche elle embrasse une figure jeune et nue, la tête découverte, les cheveux longs, vêtue d'un manteau pendant sur le dos, attaché autour du cou, et encore visible sur les côtés; l'anatomie et la position des parties inférieures du corps humain sont marquées par des points. De la main droite cette figure fait un mouvement comme si elle voulait se débarrasser des bras de celle qui l'embrasse; mais celle-ci la presse fortement contre elle et tient dans la main droite un marteau tourné vers la poitrine du jeune personnage. La chaussure des deux figures est pareille, et des bandelettes doubles semblent devoir serrer étroitement leurs jambes. Des fleurs naissent sous leurs pieds et alentour.

A gauche de ce groupe, un homme nu, avec un manteau semblable pendant sur le dos, et une chaussure plus élégante, mais plus simple, pose sur un autel son bras gauche, sous lequel il tient son épée; le bouclier, dont la surface est décorée d'ornemens semblables à des rayons, est soutenu par l'autel. Cette figure tient le pied droit élevé et posé sur un morceau de rocher; ses cheveux sont bouclés avec soin et attachés par un bandeau sur le front. De la main droite elle fait signe à un autre personnage également nu, qui, à droite du groupe du milieu, s'appuie contre une colonne, les jambes étendues : elle a la même chaussure, et sur les épaules le même manteau que l'autre figure de gauche, mais elle n'a pas le bouclier; elle a de plus le bonnet phrygien; une des cuisses est marquée par des points. Des mains elle fait également des signes à l'autre figure latérale; du reste elle est isolée, tandis que les autres semblent être attachées au jeune personnage du milieu par un cordon qui passe autour de leur cou, et aussi par deux points sphériques, dont un se voit entre la tête du porteur de marteau et celle du jeune personnage. Dans le fond, on aperçoit le fronton d'un temple, supporté par deux colonnes ioniques. Aux pieds et autour de ces figures croissent des fleurs; ce qui fournit la preuve que l'action se passe

en plein air devant le temple, et dans un canton rocailleux. Peut-être toutes ces circonstances désignent-elles les mystères de Bacchus.

Le bord, haut de deux pouces six lignes, offre des inscriptions gravées que M. l'abbé
Zannoni et M. F. Inghirami ont déchiffrées, et que l'on peut lire ainsi : près de la figure à
gauche, *Laran;* entre celle-ci et le jeune personnage nu, *Tuphlun;* par malheur, au-
dessus de la tête du porte-marteau, il n'y a que des restes de lettres que l'on n'a pu interpréter. Enfin, près de la figure latérale à droite, on lit *Muaris.* Cependant un savant,
également versé dans la connaissance des langues et dans celle de l'antiquité, a lu *Laran,*
Typhlun, Zyaris; et, quant à l'inscription à moitié effacée, il l'a complétée ainsi :
Tysion (1). La *pl.* xv, *fig.* 1 *b,* présente un *fac simile* des inscriptions.

On n'a pas encore trouvé un miroir semblable, ni aucun autre qui, pour la forme des
figures et l'ensemble du travail, montre autant de beauté et de perfection. Je crois que de
tous les noms qui s'y rencontrent, Laran est le seul qui soit connu. Cette composition entièrement neuve, et encore obscure, mais surtout les noms nouveaux, donneront sans doute des
éclaircissemens importans, aussitôt qu'on aura réussi à les expliquer. La langue et les
mythes étrusques sont en général couverts encore de ténèbres, et c'est un sujet trop nouveau pour que j'ose me hasarder à essayer de l'éclaircir.

Mon ami M. Francesco Orioli de Bologne a fait mention de ce miroir mystique dans
un mémoire sur ces objets; il en donne l'explication suivante :

« Le dernier disque dont je parlerai est un disque inédit que possède M. Dorow. Il
représente quatre figures d'hommes debout, qui ont au-dessus d'elles, en caractères
étrusques, les noms de Maris, ...ns, Thuphlun, Laran. La figure, placée sous le nom cor-
rodé, tient en main le marteau ou la hache à deux tranchans de Vulcain, et certainement le nom écrit au-dessus était *Sethlans.* Donc, les personnages figurés sont : *Mars,*
Vulcain, Apollon et *Laran.* Je dis Apollon, parce que je crois que Thuphlun doit être
partagé ainsi *Tho Aplun,* comme ci-dessus Thatis en Tho Atis. Or, il me paraît très-évi-
dent que cette représentation est une du très-grand nombre de celles par lesquelles on a
cherché à figurer de diverses manières les principes céleste et terrestre exprimés en deux
groupes. Il y a d'une part Vulcain et Mars, tous deux fils de Junon, sans père; l'un céleste
(Mars), l'autre précipité sur la terre (Vulcain), et nommé par Marcianus Capella (p. 16)
Terræ pater. De l'autre côté on voit Apollon et Bacchus, c'est dire la même divinité, sous
une de ses formes célestes (Apollon ou le Soleil); sous une autre, terrestre, Laran, fils de
Semélé ou Bacchus, né sur terre, incarné dans une femme mortelle.

« L'ultimo desco del quale parlerò, è un desco inedito, posseduto dal signor Dorow.
Presenta esso quattro figure maschili ritte in piede, che han sopra in etrusco i nomi
Maris, ...ns, Thuphlun, Laran. Per fortuna, la figura soggiacente al nome corroso ha in
mano il malleo o la secure ancipite di Vulcano, e però certamente aveva scritto sopra
Sethlans. Dunque son quivi effigiati : *Marte, Vulcano, Apollo e Larano.* Dico Apollo,
perchè credo che Thuplun debba sciogliersi in *Tho Aplun,* come sopra Thatis in Tho
Atis. Ora pare a me evidentissimo che questa è una delle tante varietà della solita rappre-

(1) Dans une autre occasion je parlerai avec plus de détail de cette explication.

sentazione delle due anime celeste e terrena figurate in due coppie; essendo da una parte Vulcano e Marte, figli ambidue di Giunone senza padre, uno celeste (Marte), uno precipitato a terra (Vulcano), detto da Marziano Capella (p. 16) *Terræ pater*); ed essendo dall' altro lato Apollo e Baccho, cioè la stessa divinita ma sotto l'una delle sue forme, celeste (Apollo o il Sole), sotto l'altra, terrestre, Larano figliuolo di Semele, ossia Bacco incarnato iu terra ed in donna mortale. »

Avant de quitter Chiusi et ses antiquités, je dois entrer dans quelques détails sur les vases en terre noire, avec des figures en relief appliquées, qui font le sujet de la plupart des dessins joints à cet ouvrage (1).

Les vases en terre cuite donneront encore lieu aux recherches les plus importantes pour les antiquaires, et il me semble, abstraction faite des systèmes des savans modernes qui se sont regardés comme infaillibles dans les explications qu'ils ont données et la classification qu'ils ont faite de ces vases, qu'il règne encore beaucoup d'incertitude, et de doute, surtout pour distinguer les vases étrusques de ceux que l'on trouve en Grèce, en Sicile, près de Naples, etc. M. Creutzer partage cette opinion, et pense qu'il est très-difficile de déterminer, à cause du petit nombre qui en a été découvert, ce qui, dans cette classe d'objets d'art, doit décidément être appelé étrusque; et cependant c'est une chose connue que les Étruriens reçurent de bonne heure le culte de Bacchus, par lequel la plupart de ces vases pourraient être expliqués. On peut donc espérer de voir favorablement accueillir l'essai que je présente ici sur les ouvrages de poterie de l'espèce la plus ancienne, et indubitablement reconnue pour étrusque; savoir, les vases noirs de toutes les grandeurs, de formes diverses, avec des figures en relief appliquées. Ces vases, pour la plupart, n'ont pas été cuits au feu; ils ont simplement été séchés au soleil et à l'air. Ils ont ainsi conservé leur solidité; leur cassure a une couleur naturelle gris-noir. Leur long séjour dans la terre, et l'humidité des chambres sépulcrales, sont cause qu'on ne les trouve que très-amollis, et il est nécessaire de ne les exposer que graduellement et avec précaution à l'air, afin qu'ils recouvrent leur dureté. Il faudrait donc user de grands ménagemens quand on les rencontre; mais, par malheur, on y met peu de soins, et voilà pourquoi presque tous ces vases rares et précieux ne nous parviennent que brisés. Ils ne sont connus que depuis un petit nombre d'années par les découvertes faites à Chiusi. La galerie du Grand-Duc à Florence en possède un choix parfait, mais peu nombreux; c'est un présent qui lui a été fait depuis peu de temps par un habitant de Sartiano, près de Chiusi. Ils sont encore inédits, et n'ont trouvé place dans la galerie que depuis l'année dernière. La célèbre fabrique de pierres dures de Florence a fait un véritable chef-d'œuvre en assemblant ces vases qui lui avaient été apportés en petits fragmens; aujourd'hui ils sont, à la satisfaction des amis de l'art et de l'antiquité, dans un état excellent. La permission de les faire dessiner me fut accordée avec l'obligeance la plus aimable; c'est ainsi que j'ai pu le premier faire connaître les formes et les sujets mythologiques de ces vases, espérant qu'on y trouvera des éclaircissemens importans sur la religion des Étrusques, encore si

(1) J'ai lu à l'Academia romana un mémoire sur ce sujet; il a été imprimé dans le tom. IV des *Memorie romane di antichita e di belle arti*, 1828, et publié à part sous ce titre : *Notizie intorno alcuni Vasi Etruschi*. Pesaro, 1828; cinq planches lithographiées.

obscure pour nous, et aussi des inductions infaillibles sur les plus anciens ouvrages d'art de ce peuple intéressant. Jusqu'à présent les archéologues n'ont pas consacré à ces sujets des recherches spéciales (1), quoique les directeurs de la galerie de Florence connaissent pleinement le haut prix de ce trésor. Il serait à souhaiter que ces vases ne fussent pas confondus, dans les armoires de la galerie, avec les vases grecs en terre cuite noire, et avec ceux qui ont été trouvés à Arezzo et dans les environs; ces derniers ne remontent certainement pas au-delà du temps de l'empereur Auguste. Du reste, la séparation ne doit pas être difficile; car ceux qui proviennent de la Grèce et d'Arezzo sont luisans, noirs, en terre très-fine, très-légers et durcis considérablement par la cuisson (2); par conséquent leur cassure est rouge, tandis que les vases étrusques, récemment découverts, paraissent plus épais, sont beaucoup plus lourds, d'une terre plus grossière, pour la plupart séchés à l'air et au soleil, et ont la cassure d'un gris-noir. Il me sembla qu'on avait essayé d'en faire cuire quelques uns, mais fort mal, et dans ceux-ci la cassure est d'un noir brun très-visible. La couleur extérieure du plus grand nombre est d'un noir sale; lorsqu'ils sont luisans, ils ressemblent aux vases vernissés avec l'oxide de plomb, et présentent une analogie parfaite avec ceux qu'on a trouvés à Wiesbaden sur le Rhin (3). Les formes des vases étrusques à gros ventre, avec ou sans anses, et même ceux qui sont ornés de bandes transversales, conduisent à des comparaisons intéressantes avec des vases analogues que j'ai obtenus de fouilles faites à Wiesbaden, de même que les fragmens de terre noire luisante du Rhin dont il vient d'être question; ceux-ci appartiennent sans doute aux anciens temps de la Germanie avant les Romains.

Lors même que le corps de ces vases étrusques n'offre aucune figure, leurs anses en sont ordinairement ornées. Elles se rapportent au culte religieux; ce qui fournit la preuve

(1) Dans la note 740 des OEuvres de Winckelmann (1809), il est parlé sommairement de ces vases; il semble en résulter que les éditeurs avaient vu à Florence deux vases de ce genre, mais sans figures mythologiques. Voici comment ils s'expriment : « On peut en tirer encore une preuve que l'art étrusque n'avait pas de style particulier, mais admettait et imitait non-seulement le grec, mais tout autre style étranger, car il existe des ouvrages étrusques qui sont incontestablement dans le goût égyptien. Nous avons vu dans la galerie de Florence deux vases qui, suivant ce que nous avons appris, ont été trouvés dans des fouilles faites en Toscane ; ils sont en terre noire cuite au feu, ornés de figures tantôt peu saillantes, tantôt parfaitement sculptées : nous y avons vu aussi deux canopes informes, également en terre cuite. » Ce jugement sur l'art étrusque doit peut-être subir quelques modifications, d'après les nouvelles découvertes.

(2) Le dernier éditeur des OEuvres de Winckelmann (1809), dit (tom. III, note 825), que ces vases noirs luisans, en terre noire, du goût le plus parfait pour les formes, et avec des ornemens saillans, qu'on voit dans la Galerie de Florence, viennent de Volterra. Mais il convient d'expliquer que les vases de ce genre se trouvent à Arezzo et dans les environs, de même que les vases en terre noire non cuite appartiennent à Chiusi et à son territoire. Les vases qui ont été découverts à Volterra et autour de cette ville, offrent dans le travail, la peinture et la forme, un style très-différent. Cette confusion, qui peut arriver si aisément quand on n'a pas l'occasion d'examiner attentivement ces belles collections, fait voir combien il serait convenable et utile pour l'archéologie de séparer les vases de la galerie du Grand-Duc d'après leur patrie ; opération qui est encore aisée, mais qui plus tard deviendra très-difficile.

(3) *Opferstætte und Grabhügel der Germanen und Rœmer am Rhein*, von D^r. Dorow, — 2te. *Auflage*, erste Abtheilung, pag. 47, 49.

la plus claire qu'ils n'ont pas pu être employés aux usages domestiques, comme on le prétend encore fréquemment, quoique M. Creutzer se soit expliqué clairement sur ce sujet en disant : « Comme dans toutes les voûtes sépulcrales de l'Italie, de la Grèce et de l'ancienne « Étrurie, on ne trouve pas de ces sortes de vases; comme de plus on en rencontre plu- « sieurs sans fond, et comme enfin la plupart représentent des scènes relatives à Bacchus, « il en résulte assez naturellement qu'on les plaçait près d'un mort, à cause des mystères « de Bacchus, et qu'ils lui étaient donnés comme un souvenir de son initiation, et en « quelque sorte comme un certificat de la consécration qu'il avait reçue. »

Il faut de plus considérer que ces vases, n'ayant pas été cuits au feu, leur pâte s'imbibe facilement d'humidité, et que, lorsqu'ils sont mouillés, la couleur noire s'altère et devient d'un vilain gris; par conséquent ils ne peuvent absolument pas avoir convenu aux usages domestiques. A l'exception de quelques canopes dont la tête, en terre rouge cuite, y a été certainement adaptée plus tard, tous les vases qu'on trouve sont de couleur noire; peut-être cette couleur indique-t-elle qu'ils ont été destinés à servir de monumens funéraires, puisque les anciens peignaient de couleur noire le souverain du royaume des morts, qui est souvent représenté sur ces urnes.

Je le répète, Chiusi et son voisinage immédiat semblent être exclusivement la patrie de cette sorte de vases. Quoique l'on en ait trouvé aussi plusieurs à Corneto et à Ponte-Badia, cette circonstance ne détruit pas mon assertion. Je parlerai plus tard de ceux qui viennent de Corneto : ces vases étaient certainement l'objet d'un commerce important.

Voici quelles sont les formes des vases en terre noire trouvés à Chiusi et dans le Val Chiana, que j'ai vus jusqu'à présent :

A. Vases ressemblant à des pots à une ou deux anses (*pl. iii, fig.* 1).

B. Cruches ou canettes à une anse et bec saillant (*pl. iii, fig.* 4; *pl. vii, fig.* 1 , et *pl. viii, fig.* 1).

C. Vases à gros ventre sans anse.

D. Jattes (*pl. xi, fig.* 2).

d. Jattes plates avec un pied élevé (*pl. xv, fig.* 3). Souvent leur surface intérieure est ornée de doubles bas-reliefs. Par exemple, celui de la *pl. iv, fig.* 7, est tiré d'une de ces jattes que je possède.

E. Coupes avec une anse haute et courbée gracieusement : ce sont les vases que l'on trouve le plus fréquemment. Il y en a de plusieurs espèces.

Coupes larges sur des pieds courts (*pl. i, fig.* 1 , et *pl. viii, fig.* 2, 3).

Coupes étroites et alongées sur de longs pieds (*pl. viii, fig.* 5, 6).

Coupes à pieds minces arqués, et supportées de plus par quatre montans de terre, disposés directement, depuis le bord inférieur jusqu'au bas des pieds, et enrichis de figures (*pl. ii, fig.* 1, a).

Très-souvent le haut du bord extérieur des coupes est décoré de têtes de béliers, de tigres, de Méduses et de femmes. Du reste, les vases en forme de coupes sont les plus riches et les plus remarquables, sous le rapport des sujets mythologiques; et je crois que l'on doit porter une attention particulière sur cette forme qui se présente si fréquemment, puisque l'on sait assez quel rôle important ont joué, dans toutes les religions, les coupes dont naturellement la forme ne doit pas être oubliée. La forme de calice qui s'en rapproche (*pl. VIII, fig.* 5) appartient au temps le plus ancien, et chez nous est encore consacrée au service divin. Enfin c'est seulement, du moins d'après ce que je connais, parmi ces vases en terre noire, que l'on retrouve la forme de ceux que Bacchus et ses prêtres portent dans les sujets représentés sur les plus anciens vases peints que j'aie découverts en Étrurie.

Lorsque les vases en terre noire ont des couvercles, ceux-ci sont ordinairement très-simples; quelquefois pourvus d'une anse verticale; très-rarement une tête humaine, qui souvent est peinte en rouge, forme le couvercle : dans ce dernier cas, la tête semble appartenir à une période plus moderne. Les plus grands de ces vases ont deux pieds de haut; on en voit de toutes les dimensions au-dessous de celle-là.

Les figures sont appliquées sur les vases en terre noire, et ont un quart à trois quarts de ligne de saillie; quelquefois les contours, ou même les figures, les membres et les ailes ont été tracés à la pointe. Les sujets mythologiques n'offrent pas une grande diversité : ils roulent dans un cercle passablement rétréci, et se rapportent pour la plupart aux mystères, à la conduite des morts au royaume sombre, au jugement des ames dans les enfers. Les vases en forme de pots à deux anses, de même que ceux en forme de canettes à une seule anse, à ventre plus ou moins renflé, n'offrent, à l'exception d'un petit nombre parmi ceux que je connais avec des sujets mythologiques, que des figures d'animaux réels ou fabuleux, et qui cependant paraissent avoir du rapport avec les divinités; par exemple, des sphinx femelles, ailés, assis et debout (*pl. VIII, fig.* 1, *a*; *pl. x, fig.* 1, *a*), des tigres, et entre eux, sur les bords ou sur les bandes des priapes pendans, qui, par le moyen de petits ornemens arrondis et sculptés avec beaucoup de finesse, paraissent avoir quatre ailes, et sur le muffle deux yeux humains (*pl. VII, fig* 1, *d*); des tigres, et entre eux des yoni (1) (*pl. VIII, fig.* 4), et des sphinx ainsi que des pourceaux entre les yoni; des têtes de chevaux, et entre elles des chats, des coqs, des chevaux ou des ânes ailés (*pl. III, fig.* 5), qui se prolongent autour du grand renflement; au-dessus, des gueules de tigre ouvertes, au-dessous desquelles pend un priape, des oies, des dauphins, des lions, des chevaux de mer (*pl. III, fig.* 6); des panthères qui, à la différence des tigres, ne sont que ponctuées; des tigres, des cerfs, et entre eux des têtes de femme (*pl. III, fig.* 7). On connaît la signification du cerf comme symbole de l'éternité; et dans tous les sujets relatifs à Bacchus, on voit des peaux de jeunes cerfs suspendues. Je ne puis déterminer si la tête que l'on aperçoit entre celles de ces animaux, représente Diane ou la Lune, car le cerf était également consacré à ces deux divinités.

Il y a aussi la tête de la Gorgone, la langue tirée (*pl. IX, fig.* 2, *b*); la Chimère, dont la queue se termine par un serpent (*pl. XI, fig* 2); ainsi le reproche que l'on a fait à la grande et belle Chimère en bronze de la galerie de Florence, d'avoir été restaurée de cette manière, tombe, d'après cette découverte, comme peu fondé. M. Inghirami n'a pas même indiqué cette restauration dans ses *Monumenti antichi inediti*, tom. III, pl. XXI.

Des fragmens de vases montrent des cavaliers (*pl. IX, fig.* 3), des têtes de femme à queue de poisson (*pl. x, fig.* 2), et enfin des têtes de cheval isolées.

---

(1) C'est le nom indien des parties de la génération de la femme.

Ainsi que je l'ai déjà dit, ces figures se trouvent soit sur le grand renflement, soit sur le rétrécissement du col du vase; elles sont appliquées, et souvent les contours et les membres sont tracés à la pointe. Les vases en forme de canettes ou de cruches, ont ordinairement leurs anses ornées, ce qui est très-rare dans les autres vases pourvus également de deux anses. On voit sur ces anses, tantôt un guerrier cuirassé, coiffé d'un casque et armé de deux lances (*pl. IX, fig.* 1); tantôt un guerrier également cuirassé, au-dessous duquel une figure vraisemblablement à quatre ailes; au-dessus, une tête de tigre; à côté, la tête de la Gorgone, la langue tirée (*pl. IX, fig.* 2, *a* et *b*); une femme sur laquelle deux panthères se précipitent, et dont elle saisit les pattes de devant avec ses mains, comme dans la *pl. II, fig.* 1, *b*; des prêtres et des prêtresses d'un âge avancé, enveloppés d'une riche draperie, sauf le visage et les mains qui tiennent un lien ou des bandelettes (*pl. V, fig.* 2); un homme et une femme debout, qui portent d'une manière expressive les mains sur la poitrine et sur le front (*pl. V, fig.* 5). Ce sujet, de même que tous les autres, montre une affinité très-ancienne avec les idées et les productions des arts de l'Égypte; même aux regards du spectateur le plus superficiel, la plupart de ces objets sembleront se mouvoir dans un cercle de mythes qui sont devenus la source de toutes les religions de l'Asie antérieure et de l'Asie moyenne. Dans le dernier sujet dont je viens de parler, nous verrons peut-être un prêtre qui, par l'imposition des mains sur la poitrine et sur le front, donne sa bénédiction à une prêtresse ou à un mort. Chez la plupart des nations de l'Orient, le corps des personnages considérables est encore enterré dans un habit de prêtre ou de prêtresse, et je crois même avoir lu quelque part que ces corps, avant d'être inhumés, sont ordonnés prêtres. Cet attouchement de certains organes du corps dans les occasions solennelles, par exemple dans les prestations de serment, les consécrations et les bénédictions, semble avoir été exclusivement un usage dominant dans la religion des Égyptiens et des peuples voisins. Cependant on se contentait peut-être en Égypte de toucher la tête et la poitrine, tandis que chez des peuples des mêmes temps, l'attouchement s'étendait à d'autres parties du corps. Abraham, par exemple, voulant engager son serviteur par une promesse solennelle, lui dit : « Mets, je te prie, ta main sous ma cuisse, et je te ferai jurer. » D'un autre côté Jacob, mourant en Égypte, pose ses mains sur la tête de ses enfans pour les bénir. Cette imposition des mains se conserva long-temps en Égypte dans les cérémonies mystérieuses, puisque des historiens plus récens nous racontent que dans ce pays l'empereur Vespasien rendit la vue à plusieurs aveugles en leur imposant les mains à la porte d'un temple. A cet usage se rapporte naturellement le pouvoir attribué aux rois de France et d'Angleterre, de guérir les écrouelles, en posant les mains sur la tête des malades. Enfin l'imposition des mains sur la poitrine et sur la tête, employée de nos jours dans les cures magnétiques, peut avec raison être rappelée ici.

Plusieurs des figures de ces vases sont bien exécutées et bien proportionnées; toutes ont un caractère propre et déterminé : elles sont entièrement analogues entre elles, mais, à l'exception de quelques bronzes, entièrement différentes de ce que nous connaissons jusqu'à présent d'étrusque. Les grands yeux ronds des têtes humaines que l'on voit sur ces vases en terre, doivent peut-être également être pris en considération, car ils favorisent la supposition que ces ouvrages appartiennent aux plus anciennes productions de l'art de ce pays, même lorsque les idées auxquelles elles sont dues viennent de nations étrangères. Les plus remarquables, sous ce rapport, sont les vases dont la forme se rapproche des canopes, et qui ont pour couvercles des têtes humaines. Ils sont très-rares, et je n'en ai rencontré que deux à Chiusi : un de couleur noire, avec des mains faisant saillie sur l'urne, dans la collection de M. Paolozzi; le second, dans une autre collection particulière. Dans ce dernier, l'urne est noire, la tête rouge, avec un trou au sommet où l'on peut facilement faire entrer le doigt, afin d'enlever le couvercle de dessus le vase (*pl. V, fig.* 1). Sur les deux côtés du plus grand renflement du vase, qui a dix pouces de diamètre sur vingt-deux pouces de hauteur, il y a deux trous desquels sortent des bandes en terre qui se rencontrent sur le milieu du vase et forment des mains : sans celles-ci ou prendrait ces bras pour des anses, comme il s'en trouve ordinairement pour porter les vases destinés à contenir de l'eau; mais ici elles sont retombées sur le ventre du vase, qui diffère entièrement de ceux de M. Paolozzi et de la galerie de Florence, où il y a huit urnes à têtes, mais une seule avec des mains : j'en parlerai plus tard. Le vase représenté (*pl. VI, fig.* 1) n'offre aucun vestige d'un autre ornement; la pâte en est grossière, et le travail mauvais; la couleur n'en est pas d'un noir brillant. En revanche le couvercle, qui consiste en une tête humaine en terre rouge, est, pour la physionomie nationale, un reste très-intéressant d'antiquité étrusque. Le travail, la conservation de ce vase et sa grandeur, qui est de neuf pouces, sont si remarquables, qu'on doit le considérer comme très-important pour l'état de l'art chez les Étrusques. On reconnaît que cette tête a pour type un portrait qui devait rendre avec fidélité et sans embellissement les traits de l'original.

M. Inghirami, dans son bel ouvrage des *Monumenti Etruschi,* donne, tom. VI, pl. IX, fig. 1, 2, 3, 4, deux de ces vases de la galerie de Florence, à la vérité un peu embellis (1). L'idée de M. Inghirami, de comparer ces vases avec les canopes, et de reconnaître dans la tête une divinité, a beaucoup de vraisemblance; mais peut-être aussi cette tête était-elle une image du défunt, comme cela se voit sur les couvercles des sarcophages étrusques en albâtre, en marbre et en terre cuite, qui offrent la figure des personnes mortes, ou même la représentation entière de celles-ci. M. Inghirami, dans son explication, en parlant de ces canopes chez les Égyptiens, a aussi fait mention de celles des autres nations, et il faut convenir qu'en considérant ces vases, on peut avoir l'idée d'une petite idole en forme de canope.

Sous ce rapport, un de ces vases, de la galerie de Florence, est surtout remarquable, et mérite avec les autres une mention particulière. Parmi les huit urnes à tête que l'on y conserve, une seule en terre rouge a des mains, ainsi que je l'ai dit plus haut; elles passent à travers les anses, et ont été attachées avec des fiches de bronze. Les sept autres vases sont sans mains, mais ont des têtes; il n'y en a que deux noirs, les autres sont en terre rouge et bien cuite: les têtes de la plupart sont d'un travail médiocre, sans proportions, et quelquefois représentent à peine la figure humaine,

---

(1) Ces vases arrivèrent à Florence en bon état, et furent immédiatement communiqués à M. Inghirami pour qu'il en fît usage. Les éditeurs allemands des *OEuvres de Winckelman* semblent les avoir vus. *Voyez* le tome 3, remarque 740.

(*pl. vi, fig.* 1, 3 *a, b*), et, de même que les mains, sont attachées au vase avec des charnières de bronze. Parmi les vases rouges sans mains, il se trouve aussi une tête de femme (*pl. vi, fig.* 4 *a, b*), dont les cheveux sont noués en tresses séparées et pendent tout autour de la tête : elle a aux oreilles des pendeloques de bronze composées de quatre anneaux entrelacés les uns dans les autres (*pl. vi, fig.* 4, c); les cils et les sourcils sont tracés à la pointe. Un de ces vases (*pl. vi, fig.* 2) était placé dans un fauteuil (*pl. vi, fig.* 1), qui était entièrement revêtu de tous côtés d'une masse calcaire argileuse, ce qui l'a préservé du contact de l'humidité et l'a empêché de pourir. Ce fauteuil a une couleur sombre et sale; mais à l'endroit sur lequel l'urne était posée, la couleur jaune primitive s'est maintenue; le bois s'est parfaitement conservé sous cette masse qui le recouvrait : il est très-compacte; je pense que c'est du chêne. Les mains (*pl. vi, fig.* 2, c) sont séparées et attachées au vase par des chevilles de bronze (*fig.* 2, b). La position et l'arrangement des mains ont certainement une signification. Une autre tête d'un vase rouge, qui est d'une forme grossière et fort laide, a les cavités des yeux garnies de cailloux ordinaires. On les a choisis de grosseur convenable, mais on ne s'est pas attaché à l'uniformité de la couleur, car un caillou est vert et l'autre rouge.

Les ornemens sont presque tous tracés sur l'argile avec la pointe, et les parties de la génération sont notamment très-marquées dans les figures d'animaux. Plusieurs de ces ornemens, de même que beaucoup de formes de vases, ont une analogie frappante, principalement pour le travail, avec les anciens vases germains que j'ai trouvés le long du Rhin, et que je regarde comme appartenant à la période antérieure aux Romains en Allemagne, ainsi que je crois l'avoir démontré par des preuves incontestables dans la description que j'en ai publiée (1). Dans ces deux sortes de monumens, ces ornemens ont été dessinés légèrement avec un outil rond et obtus, et ensuite terminés à la pointe. Je donne plusieurs de ces ornemens *pl. v, fig.* 4, 5; *pl. vi, fig.* 5; *pl. vii, fig.* 2; *pl. ix, fig.* 4, *a, b, c*.

Il me semble que la découverte de ces vases noirs répand un nouveau jour sur cette branche de l'archéologie; c'est pourquoi j'ai fait dessiner tous ceux que j'ai rencontrés, nommément les trésors de la galerie de Florence, et je les publie dans cet ouvrage. Cependant je n'ai fait dessiner que les objets dont les sujets étaient clairs, et que j'ai pu examiner avec la plus scrupuleuse exactitude. Je n'ai pas voulu faire prendre des copies de quelques dessins (2) qui se trouvent chez M. Micali, de crainte que le dessinateur n'eût commis des méprises semblables à celles que j'ai relevées dans le grand ouvrage de ce savant (3); ce que je pouvais supposer d'autant plus facilement, que M. Micali n'est pas sur les lieux, et par conséquent ne peut pas faire de comparaison :

---

(1) *Opferstœtte und Grabhügel der Germaner und Rœmer am Rhein, von* D'. Dorow, in-4°, 2ᵗᵉ *Auflage.* — erste Abtheilung, pag. 3, pl. 1, fig. 5.

(2) Dans un de ces dessins, qui est en relief sur un de ces vases noirs, une figure assise et vêtue d'un long habillement de femme, présente un petit enfant à un personnage nu et debout devant elle. Si le dessin est exact, ce que, d'après l'expérience que j'en ai faite, je ne garantirais pas, on pourrait croire que c'est un Bacchus.

(3) *L'Italia avanti il dominio dei Romani.*

il est si aisé, et de plus si agréable et si commode, d'imaginer et de lire ce que l'on veut dans ces objets, d'ailleurs si confus, pour établir, pour corroborer et pour défendre des systèmes, que des savans modernes pourraient prétendre, en appuyant leurs assertions sur des preuves, que toutes les idées et tous les mythes de l'ancienne Étrurie lui sont propres et lui appartiennent sans aucune réserve, ainsi qu'à ses habitans primitifs; que jamais l'imitation de nations étrangères, à l'exception de la Grèce, n'y a eu lieu; que tout en un mot leur est venu par inspiration. On se livre à ces hypothèses, parce que l'on ne connaît ni ne compare les monumens de la haute antiquité que l'Orient nous a laissés.

Pour reconnaître la religion des Étrusques et la nation de laquelle ils l'ont reçue, les petits bas-reliefs représentant des sujets mythologiques qui se rencontrent principalement sur les vases en forme de coupes et de calices, seront d'autant plus importans, que la plupart de ceux que l'on y voit se rapportent, ainsi que je l'ai déjà remarqué, aux mystères, à la conduite et au jugement des ames dans les enfers. Ces bas-reliefs ont rarement plus d'un pouce de largeur, tandis que les sujets, sur les montans de terre qui servent de soutien aux pieds délicats et minces de quelques vases, n'ont pas plus de quatre pouces de haut et de dix-huit lignes de large, comme on le voit *pl. II, fig. 1, b; fig. 2, a, b; fig. 3, 4.*

Les attributs que l'on y trouve appartiennent aux mythes dont il a déjà été question, et sont très-significatifs. L'excellent ouvrage de M. Creutzer (1) contient sur ce sujet des observations instructives. Cet auteur remarque que les branches et les couronnes étaient les signes des fêtes de Bacchus. Strabon dit que la cérémonie de porter un arbre était un des traits communs aux fêtes de Cérès et de Bacchus. Bacchus a dans une main un vase, c'est sa principale marque distinctive; lui seul, et quelquefois Hercule son compagnon, semblent en porter un; de l'autre main il tient un rameau. Cette manière de représenter Bacchus avec un vase à la main est très-ancienne. Le juge des morts jette dans une urne le sort favorable. Hérodote donne à Osiris, comme juge des morts, le nom de *Dyonisos Bacchus.* M. Creutzer rappelle à ce sujet que les Égyptiens attribuaient une coupe au roi de l'année et du pays, au Nil, et dans ce sens, de même qu'en qualité de roi des morts, il a pour compagnon Anubis, qui dans les enfers se tient à côté de lui au tribunal des morts; c'est pourquoi nous voyons une coupe dans la main d'Anubis-Hermès. C'est de l'Égypte que les Grecs et les Étrusques ont emprunté cette image. Bacchus régnait conjointement avec Cérès dans les enfers. Ainsi voilà encore un Osiris infernal, l'Osiris des momies qui, le fouet à la main, rassemble les troupes éparses des morts. Un des instrumens de jeu de Bacchus est la boule, symbole du globe terrestre, et encore la pomme des Hespérides. C'est Bacchus qui a trouvé la pomme; il la donne à Vénus. Des génies ailés, des bandelettes et des couronnes de fleurs nous transportent dans le cercle des scènes et des doctrines mystérieuses. Les bandelettes marquent la consécration à Bacchus. Le sphinx indique les orgies de Bacchus; les dauphins aussi appartiennent à ce dieu.

Nous retrouvons très-distinctement tous ces emblèmes sur ces bas-reliefs, et de plus des figures nues et vêtues, tenant des bâtons terminés par des pommes de pin, les unes

(1) *Symbolik und Mythologie der Alten Vœlker.*

assises, les autres debout, tantôt barbues, tantôt sans barbe; les unes ailées, les autres à ailes doubles, tenant d'une main un oiseau à col long, de l'autre un oiseau à col court; des hommes coiffés de casques qui se jettent des boules ou des pommes; des centaures; des figures avec de longues tresses, qui semblent danser avec des mouvemens mesurés; d'autres qui semblent enveloppées d'un voile; d'autres ayant de longs vêtemens et le croissant sur la tête (1); des figures marchant le thyrse à la main; d'autres portant des arcs; d'autres montées sur des chars à deux roues, que traînent des chevaux ailés, etc. J'appelle figures nues celles dont on voit entièrement les jambes, par opposition à celles qui ont de longues robes descendant jusqu'aux pieds; car je ne prétends pas dire qu'elles soient réellement dépouillées de tout vêtement. Peut-être les longues tresses désignent-elles les femmes, puisque l'élévation du sein chez plusieurs de ces figures, semble indiquer un personnage de ce sexe. Parmi les oiseaux, celui que l'on voit le plus fréquemment sur les vases est difficile à reconnaître; toutefois il existe certainement entre eux une grande différence, qui me semble exprimée par la longueur ou la brièveté des pieds et du cou. Du reste les oiseaux paraissent jouer un rôle important dans ces bas-reliefs; il y en a sur presque tous : cette circonstance s'accorde parfaitement avec les idées des anciens Étruriens, qui croyaient que les oiseaux, habitans de l'air, recevaient l'impulsion de Dieu, principe sur lequel reposaient les augures de cette nation (2). Cette croyance était répandue généralement en Perse : quatre oiseaux planent au-dessus du siége du roi de Babylone, quand il rend la justice, et déposent dans son cœur la loi naturelle d'Adrastée.

Les figures, ainsi que je l'ai déjà fait observer, offrent entre elles des différences; tantôt elles ont des barbes pointues, tantôt elles sont imberbes; les unes ont de longues tresses, les autres des chignons épais; celles-ci ont de longs habits de femme, celles-là paraissent être nues; la tête des unes est coiffée d'un casque, celle des autres est ornée d'un croissant, etc. Du reste, il y a dans ces petites figures beaucoup de vie; les gestes qu'elles font avec les mains, leur position respective, donneront peut-être des éclaircissemens sur beaucoup de représentations antiques. Je crois aussi trouver que la lance diffère du thyrse, en ce que la première est pointue, et le second arrondi à son extrémité, et d'ailleurs bien plus gros et plus fort.

On reconnaît des circonstances relatives au jugement des ames aux enfers, non-seulement dans ces bas-reliefs, mais encore plus dans les représentations qui ornent les quatre larges montans en terre servant à soutenir les pieds minces et courbes de plusieurs coupes

(1) Les orientaux adoraient le dieu Lunus, qui était représenté avec le croissant sur la tête. Les Étruriens pouvaient avoir reçu son culte des contrées de l'Orient tout comme de la Germanie. J'ai trouvé en Allemagne une idole très-remarquable de cette divinité, à Exterstein (*eostra rupes*); ce sont les autels des barbares dont Tacite fait mention. J'ai fait dessiner cette idole dans la première partie de mon ouvrage intitulé : *Denkmalen germanischer und rœmischer Zeit am Rein und Westphalen;* pl. xxxiv, fig. 2.

(2) La représentation offerte par un vase de la plus ancienne période, trouvé à Piano de Vulci, et qui est dans ma collection, nous montre de la manière la plus claire la cérémonie des augures, sous tous ses rapports, dans une grande composition de seize figures, et fournit des renseignemens complets sur la méthode d'observer le vol des oiseaux, sur les oiseaux et les animaux de bon et de mauvais présage, sur l'habillement des prêtres qui sont conduits par Mercure, dont le vêtement diffère totalement de celui que lui donnent les images connues jusqu'à présent.

(*pl. 11, fig.* 1). Ces représentations pourraient toutes indiquer le cercle des divinités char-
gées de juger les ames. Quiconque sort de cette vie doit se présenter devant *Mantus* et sa
femme (*pl. 11, fig.* 2 *a, fig.* 4). Les figures ailées offrent également de la différence
dans la forme des ailes, quoique dans les types semblables on n'en aperçoive pas; cela ser-
virait peut-être à déterminer les différens génies. Les ailes, partout où on les voit, ont entre
elles une analogie très-marquée, mais ne montrent nulle ressemblance avec des ailes véri-
tables; elles semblent n'être que des signes de ce qui doit se trouver là comme symbole
d'ailes. Ces signes d'ailes se ressemblent sur tous les vases noirs, sur les vases peints et sur
les bronzes les plus anciens, et, sous tous les rapports, présentent un caractère analogue
à celui des images persanes et égyptiennes de ce genre.

C'est ici que je dois parler d'une ancienne figure à quatre ailes trouvée à Cervetri, l'ancienne Cœre, et représentée de grandeur naturelle (*pl. xv, fig.* 2). Elle est également en
terre noire, et a été probablement employée comme relief, puisque la partie postérieure en
est plate. Si les ailes partaient de la poitrine, cette figure aurait encore plus de ressemblance
qu'elle n'en offre avec celles qui se trouvent *pl. 11, fig.* 4, et *pl. ix, fig.* 2. Cependant cette
différence est importante pour Chiusi; les images ailées qu'on y a rencontrées ont les ailes
partant de la poitrine, tandis que, chez les figures qui n'en ont que deux, elles sont attachées au dos (*pl. 1, fig.* 2, 8, 10, 11; *pl. 11, fig.* 1, *b*). Je dois, à ce sujet, faire mention d'un
bronze (1) trouvé à Pérouse, et qui m'appartient; il a deux ailes qui paraissent partir de la
poitrine et appartenir non au corps, mais à l'habillement très-richement orné. Ce bronze
donne une idée très-nette d'un véritable vêtement en ailes, dont la coiffure paraît
aussi faire partie; peut-être les ames des hommes pieux et bons en étaient parées. Au contraire, les bronzes étrusques qui représentent indubitablement des divinités, ont les ailes
partant du dos, de même que le bronze de Cortone dont il a été question précédemment.

La figure en terre et à quatre ailes que je publie ici vient à l'appui de l'assertion, que l'on
doit chercher dans les ornemens l'interprétation des mythes étrusques. Le prophète Ézé-
chiel décrit le visage qui l'a porté de Chaldée à Babylone, et nous voyons, dans le chap. 1,
v. 9 et 11, la même division d'ailes que dans la figure dont nous parlons. Il suffit d'ailleurs
de se rappeler la figure ailée des ruines de Mourghab (2), et celle du cylindre persan que
j'ai possédé et que j'ai publié (3). A Ponte Badia, l'ancien Vulcium, j'ai trouvé un vase
peint représentant un guerrier complétement cuirassé, et avec deux ailes posées sur les
hanches; c'est probablement le génie de l'épouvante. Les divinités phéniciennes ont des
ailes aux hanches, d'où elles s'étendent jusqu'aux pieds et ombragent la figure.

Du reste je ne puis omettre de fixer l'attention sur la forme de la fente du vêtement près
du ventre, dans la figure en terre (*pl. xv, fig.* 2); elle désignait peut-être l'yoni. On voit
(*pl. 1; pl. 11, fig.* 5; *pl. 111, fig.* 1, *b*, 2, 3; *pl. 1v*) ces petits bas-reliefs de grandeur naturelle.
Sans vouloir essayer d'en donner l'explication, je me permettrai seulement de demander
si, dans la *pl. 111, fig.* 2, les bandes pendant sur l'arrière plan ne pourraient pas indiquer
l'intérieur ou le vestibule d'un temple devant lequel le sphinx est couché. L'oiseau lui

(1) *Notizie intorno alcuni Vasi etruschi*, del Dr. Dorow. Pesaro, 1828, pl. ix, fig. 1.
(2) *Morgenlændische Alterthumer herausgegeben* von Dr. Dorow. 2te Heft, pl. vi, pl. iii.
(3) *Ibid.*, erster Heft, pl. 1.

apporte la bandelette de la dernière figure debout comme une marque de son initiation aux mystères; après quoi le char, attelé de chevaux ailés, est envoyé pour conduire l'ame dans le royaume des ombres. Le vol prophétique des deux oiseaux est d'un augure favorable, et annonce la décision des dieux à ceux qui l'attendent.

On ne peut découvrir ni dans le style, ni dans les idées de ces représentations, une imitation des ouvrages grecs; mais, par l'affinité des idées avec celles de la Grèce, on se convaincra que les Étrusques et les Grecs puisèrent leur religion et leurs arts à une même source, dans l'Orient et en Égypte, et qu'ils se les approprièrent, chaque peuple d'après son caractère particulier (1).

Il me reste encore à remarquer qu'à Corneto, l'ancien *Tarquinium*, à Montalto et à Ponte Badia, j'ai aussi trouvé des vases avec des reliefs. On y voit rarement des représentations mythiques de figures humaines, telles que celles de la *pl. IV, fig.* 3, 5, 6, 8, mais plus fréquemment des figures d'animaux, de centaures, de chimères, et celles-ci seulement sur les coupes : au contraire, les canettes offrent des têtes de lion et de cheval, et des massues. Ces objets alternent entre eux dans les suites qu'ils forment, de même que les têtes de lion ou de cheval seules avec les massues.

En allant du côté de Pérouse, on a trouvé, dans ce canton si riche en antiquités étrusques, plusieurs bronzes dont j'ai augmenté ma collection, et dont il doit être fait mention ici, comme appartenant au sujet dont je m'occupe. La *pl. XVI* les représente de grandeur naturelle (*fig.* 1, *a, b, c*). Ils sont très-importans pour la mythologie de l'ancienne Étrurie, parce que jusqu'à présent on n'en a point publié de semblables. Une tête, plutôt jeune que vieille, et ailée des deux côtés, pourrait être reconnue pour un Mercure; mais parmi les attributs il y en a plusieurs qui rendent l'idée plus compliquée : d'ailleurs presque toutes les divinités étrusques sont ailées. Semblable aux Hermès, avec les mains appliquées sur les côtés et pendantes, conformément à la plus ancienne manière du premier style chez tous les peuples, la partie supérieure du corps est nue; les organes sexuels mâles sont encore visibles; au-dessous, le corps se prolonge en une gaîne qui va en se rétrécissant; le haut est orné d'un croissant qui semble servir d'enveloppe aux organes sexuels, comme s'il était déjà préparé à être fécondé; dans sa partie inférieure, la gaîne est assez ouverte pour que les pieds rapprochés l'un de l'autre soient visibles. Le travail et l'ensemble offrent des marques du plus ancien style étrusque; peut-être y a-t-il dans le visage quelque chose qui s'en écarte. Ce monument est revêtu, de même que la plupart des bronzes de ce pays, d'une rouille qui peut avoir contribué à sa parfaite conservation. Son origine, évidemment étrusque, qui se manifeste par le style et

(1) Je pourrais assurer la même chose des vases peints que j'ai trouvés l'année dernière dans l'ancienne Étrurie : il reste encore à décider si cela peut s'appliquer aussi à une partie des inscriptions. Mon savant ami, M. Raoul-Rochette, s'est à la vérité déclaré expressément en faveur de l'interprétation à tirer de la langue grecque. On peut lire là-dessus les articles sur ma collection, qu'il a insérés dans l'*Universel* (1829), numéros 18 et 19, et dans le *Journal des Savans* (1829). Il a lu et expliqué plusieurs inscriptions qui sont incontestablement grecques; mais il n'a pas remarqué que les inscriptions de plusieurs de mes vases ne se laissent pas lire et interpréter de cette manière, et que, bien que lues très-distinctement en caractères grecs, elles n'ont aucun sens.

6

le caractère de l'ensemble, notamment la nature des ailes et le travail des cheveux, enfin,
un caractère presque toujours distinctif, la forme mince et alongée de la partie supérieure
du corps, donnent à ce bronze un haut degré d'intérêt, surtout parce que les représentations
mythologiques se rencontrent rarement sur les bronzes étrusques encore existans, et que le
mien expose un mythe absolument nouveau, et qui ne s'est pas encore rencontré, ou qui
du moins n'est pas encore connu; par conséquent il offrira aux archéologues une ample
matière pour des recherches de tous les genres. Dans tous les cas, je crois y reconnaître un
Hermès. Les Égyptiens associaient Hermès à la lune, ou, suivant l'expression de Plutarque,
Hermès a son siége dans la lune. Dans ce bronze, on voit réunis Hermès, la lune et le Phallus. Ne pourrait-on pas appliquer à ce monument un passage de Creutzer qui trou-
verait ainsi sa confirmation dans un ouvrage de la plus haute antiquité : « Parlons main-
« tenant, dit cet auteur, de l'Hermès-Phalès; c'est le Mercure qui engendre continuel-
« lement; c'est le Phallus soleil qui engendre dans la lune obscure le principe de l'ordre
« et de la lumière. Plutarque a le premier compris l'Hermès comme principe solaire, ou
« intelligence solaire, et Proserpine comme la lune, de sorte que la régularité visible dans
« les phases de la lune est représentée comme un résultat de la conjonction de Mercure
« avec cette planète. Ce que la lune fait annonce de la raison et une loi. Encore obscure
« et ne reconnaissant nulle loi, la lune a reçu celle-ci d'Hermès, comme génie du soleil.
« Porphyre joint également Mercure avec le soleil et Proserpine avec la lune. Mais c'est à
« peu près l'idée de l'Hermès ithyphallique avec la lune Proserpine; de sorte que le pre-
« mier signifie la force masculine, la faculté fécondante, et aussi l'intelligence, etc. La
« forme (*Hermes ithyphallicus*) et la matière (*Proserpina luna*), supposées unies, repré-
« sentaient la faculté appartenant à la matière et à la lune d'engendrer et de former, ou
« l'impulsion à féconder et à former, telle qu'elle est rendue définitivement efficace par
« les parties disposées; en un mot la loi de la génération. »

Si cette opinion était partagée, et si elle pouvait réellement s'appliquer à mon bronze
et l'expliquer, la découverte qu'on en a faite serait de la plus haute importance. Du reste,
je ne dois pas oublier de remarquer que, par sa forme d'Hermès, ce bronze appartient à la
série des représentations de Mercure.

Fig. 3 *a, b, c,* est très-certainement une figure de prêtre, d'un style grossier, mais bien
moins ancien que celui du bronze dont il vient d'être question. Sa hauteur est de deux
pieds neuf lignes. Le long habillement sacerdotal ressemble assez à une robe de femme
qui va du cou à la cheville des pieds; elle est nouée autour du corps par une ceinture ou
une bande dont les deux bouts tombent par devant. Les bras sont nus jusqu'aux coudes;
sur la poitrine, qui paraît également être nue, on aperçoit en relief une tête entourée de
deux serpens dont les têtes se rencontrent au-dessous du cou du prêtre. Faut-il y reconnaître la tête de Méduse qui joue un si grand rôle dans les monumens étrusques? c'est
ce que je n'essaierai pas de décider. Une main tient un couteau ressemblant à une hache.
On est frappé de la forme du bonnet dont la tête de cette figure est coiffée; il est aplati par
le haut, et de chaque côté pendent de gros bourlets.

La figure, dessinée de grandeur naturelle sur la même planche, *fig.* 2 *a, b, c,* représente vraisemblablement un guerrier, et, d'après le style, doit appartenir aux plus anciens

ouvrages en métal; les parties qui existent encore sont d'une conservation parfaite. On voit là le costume du pays.

J'avais passé cinq jours à Chiusi; je partis de cette ville le 7 d'août, à trois heures du matin, et je retournai à Cortone, où je retrouvai chez M. Brunori ma chambre prête à me recevoir de nouveau. Je dînai chez M. le chevalier Passerini, chambellan, ancien homme de cour fort aimable, qui possède dans sa maison un grand trésor; c'est un tableau de cinq pieds de haut, représentant la Vierge et l'enfant Jésus tétant. Ce morceau de Fra Bartolomeo, placé à côté des Vierges de Raphaël, serait encore admiré. Le lendemain, je partis à six heures du matin avec M. Inghirami pour Arezzo, où nous arrivâmes à plus de dix heures : nous y logeâmes à l'*albergo reale all'arme d'Inghilterra*, qui est une auberge très-bonne et très-propre. Le chemin de Cortone à Arezzo est ravissant, à cause de la fertilité du pays qu'il traverse : on suit le pied d'une chaîne de collines; on croit parcourir un jardin. Toute ma vie je conserverai un souvenir délicieux du divin Val Chiana.

Quoique la ville d'Arezzo soit située sur la grande route de Rome, et ait été fréquemment décrite, je veux cependant en parler; car j'y ai trouvé beaucoup de choses qui diffèrent de celles dont les auteurs de relations de voyages, et notamment Neigebauer, ont fait mention. Le *Manuel* de ce dernier est encore le meilleur pour les étrangers qui vont en Italie, et le restera, surtout si, dans une nouvelle édition, on fait les additions et les corrections nécessaires. Tout ce qui concerne les temps anciens est très-bien exposé dans ce livre; mais il faudrait que le respectable auteur vînt lui-même en Italie : il verrait que ce pays offre aujourd'hui un aspect différent de celui qu'il lui a donné.

Arezzo produit une impression agréable sur un étranger; c'est une des villes les mieux bâties de la Toscane : les rues sont larges, les maisons bien construites, les habitans beaux et robustes; mais, en Italie même, on leur reproche d'être bigots et intolérans. On voit dans les rues, suivant l'usage des villes d'Italie, un grand nombre de cordonniers à l'ouvrage; chacun a son établi orné d'un bouquet de fleurs, ce qui produit un coup d'œil charmant. Ayant demandé à un jeune ouvrier qui chantait de bon cœur pourquoi les cordonniers se distinguaient des autres artisans par ces bouquets, et si ce jour-là était la fête de leur patron, « Oh! répondit-il, c'est pour nous fête tous les jours; nos bien-aimées nous « apportent les fleurs; » puis il passa gaiement son alène dans le cuir. Les cordonniers sont et seront toujours portés à la poésie; je crois que l'odeur narcotique de la poix qu'ils respirent constamment, les enivre et les inspire.

On trouve encore dans l'Église de San-Piere quelques vestiges d'un temple antique, vraisemblablement consacré à Bacchus : c'est ce que l'on peut conclure des ornemens et des figures qui indiquent le culte de ce dieu jovial, et forment un singulier contraste avec d'anciennes images de la sainte Vierge et du baptême de Notre Seigneur dans le Jourdain, qu'on y a apportées. L'Église présente un bel aspect, et son intérieur renferme des restes de construction ancienne. À l'entrée un très-vieux bas-relief en pierre, représentant l'adoration des mages, attire l'attention. Il mérite d'être connu; car il appartient certainement aux plus anciens monumens chrétiens, de même que les statues dont je viens de faire mention. L'architecture de cette église intéressante est dans quelques parties byzantine, mais dans tout le reste gothique; on remarque surtout les colonnes de l'intérieur avec des

représentations géostiques. Parmi les tableaux anciens, il y en a de très-beaux de Vasari;
le Saint–George surtout, derrière le maître-autel, peut servir de pendant à l'ange dans le
tableau d'Héliodore de Raphaël.

Neigebauer s'est trompé au sujet de l'église de San-Pieve, de l'amphithéâtre romain et
de l'église des Olivetains. Celle-ci n'est pas un ancien temple romain, c'est un couvent
de Franciscains, avec une coupole très-bien peinte qui représente un temple antique; mais
l'illusion est si complète que, si l'on n'est pas averti d'avance, on croit réellement voir un
monument d'architecture : ce chef-d'œuvre de peinture dans son genre, est du père Pozzi,
jésuite, auteur d'un traité sur la perspective. Du reste, l'église est assez insignifiante, quoique
le style simple et ancien de sa construction plaise à l'œil. Au-dessus d'une porte est une
grande croix; là se voit aussi un Christ entouré de têtes d'anges, excellent ouvrage de
Giotto, qui n'est pas inférieur aux tableaux de ce maître qui se trouvent dans d'autres
églises d'Italie. Cette porte conduit au cloître où est l'entrée de la bibliothèque, qui
a été entièrement pillée; mais ce local vide renferme encore son principal trésor, le
Festin d'Esther, tableau de Vasari. Il a vingt-trois pieds de long, et à peu près la moitié
de haut. C'est la principale production de ce maître distingué, qui en fit don à sa ville
natale. La composition, le dessin, le coloris et l'expression des figures sont d'une perfection incomparable. Vasari s'est peint, dans le milieu du tableau, avec une longue barbe;
il a un air vénérable, et cependant cette tête de vieillard annonce un esprit observateur et
moqueur.

Dans l'enceinte des murs, à peu de distance de la porte qui mène à Rome, il y a un jardin qui autrefois appartenait à un couvent de Franciscains, mais qui est aujourd'hui à un
paysan. Il est entouré des restes d'un ancien amphithéâtre : quoiqu'il n'en subsiste plus que
les chambres et les loges inférieures, néanmoins son étendue et la solidité de ses murs
excitent l'admiration (1). C'est aussi de ce monument que l'on peut dire, avec Gœthe, que
ces hommes travaillaient pour l'éternité, et qu'ils avaient tout calculé, excepté la démence
des destructeurs.

La cathédrale, vieux et magnifique bâtiment gothique, a un aspect imposant : l'intérieur plaît par le grandiose de sa construction; les vitraux sont couverts d'excellentes peintures qui la rendent sombre, de sorte qu'il n'est pas facile de bien examiner les beaux
morceaux de sculpture qu'elle renferme. Près du maître-autel, on voit le tombeau de
Guido Parlati, orné de sculptures en marbre de l'année 1330, et remarquable par la beauté
de l'exécution et par le grand nombre de petites figures dont l'expression est admirable.
Vis-à-vis de ce monument, il y a un sépulcre en marbre de l'an 1303, consacré à plusieurs saints. Cet excellent morceau est dans une niche ornée de superbes fresques de la
période la plus ancienne; il représente le Christ sur la croix; d'un côté est la Vierge,
de l'autre Saint-Jean.

Sur la place de la cathédrale est une statue en marbre de Ferdinand de Médicis, morceau d'un mérite médiocre.

Dans une petite rue étroite, à peu de distance de la cathédrale, un docteur en droit

(1) Plusieurs dissertations intéressantes ont été écrites en italien sur cet amphithéâtre.

habite la maison de Pétrarque. Les fondemens sont peut-être tout ce qui subsiste de l'ancien bâtiment; mais une longue inscription indique ce qui rend ce lieu remarquable. Il y a dans Arezzo plusieurs collections particulières; cependant la plupart sont peu accessibles aux étrangers. Après beaucoup d'efforts, un ecclésiastique m'apporta la permission, qui m'avait été précédemment refusée, de voir la célèbre collection du chevalier Bacci. Elle n'est pas en très-bon ordre; l'antique et le moderne sont mêlés ensemble; voilà peut-être la raison qui en rend l'entrée si difficile : toutefois elle contient beaucoup de bonnes choses, entre autres un grand nombre de *majolica* des formes les plus singulières.

Mais l'on remarque surtout un très-beau vase peint qui a près de deux pieds de haut, et qui jusqu'à présent a été publié avec très-peu d'exactitude. Il représente le combat des Amazones, et est bien certainement étrusque, puisque les physionomies ont une ressemblance entière avec celles que l'on voit sur les plus anciens monumens en pierre trouvés à Chiusi. Ce vase, découvert près d'Arezzo, est un des plus parfaits dans son genre que nous connaissions. M. Bacci possède aussi une collection de vases rouges avec des figures. Ils ont tous été trouvés près d'Arezzo, où semble avoir été la principale fabrique des vases de ce genre, comme celle des vases en terre noire, des pierres gravées, et des scarabées était à Chiusi. Mais l'accès de cette collection était si incertain et si peu déterminé, que, pour y entrer de nouveau, j'aurais pu encore rester plusieurs jours à Arezzo.

M. Cellese, vicaire, possède une collection de bons tableaux; mais pour la voir il faut également que l'étranger prenne beaucoup de peine et essuie bien des difficultés.

Un chanoine obligeant, et qui n'est dépourvu ni d'instruction, ni de finesse, ni de connaissances de l'antiquité, est garde de la bibliothèque publique; il eut la bonté de me la faire voir. Sauf de bonnes éditions des anciens auteurs grecs et romains, il n'y a pas beaucoup de choses remarquables; tout ce qu'il y avait de curieux et de rare a été transporté à Florence, dans la bibliothèque San-Lorenzo.

Il est resté dans celle d'Arezzo quelques antiquités précieuses, notamment deux très-beaux bronzes trouvés dans cette ville; un Pégase et un Satyre assis, qui peuvent appartenir au temps d'Auguste; mais on regrette que ces ouvrages soient confondus avec des bronzes faux et mauvais des temps modernes. On voit aussi dans cette collection de très-beaux bas-reliefs en marbre encastrés dans les murs : les uns avec des inscriptions, les autres n'en ayant pas. La plupart se rapportent au culte de Bacchus; peut-être ornaient-ils le temple de ce dieu qui se trouvait ici : ils sont du bon temps de la sculpture romaine. Un long bas-relief représentant la toilette d'une dame servie par plus de huit figures, n'est pas sans intérêt pour l'art et pour l'histoire des mœurs, quoiqu'il appartienne à une période plus récente, et dans laquelle l'art avait dégénéré chez les Romains. Une pierre trouvée également à Arezzo, et conservée dans la bibliothèque, est importante pour la forme des lettres qui y sont gravées en relief; quoiqu'il y ait beaucoup d'abréviations, il est aisé de les lire : ce monument est du moyen âge. Je remarquai le fragment d'un sarcophage étrusque en marbre, représentant un convoi funèbre, parce que je crus reconnaître dans le travail la plus haute perfection de style; et je le mets sous ce rapport au-dessus de tout ce que j'ai vu à Cortone, à Chiusi et à Florence. Toutes les figures sont bien posées et ont beaucoup de mouvement; il n'y a rien d'équivoque ni de gêné.

les chevaux entre autres sont d'une beauté achevée. L'ancien portail par lequel on entre dans la bibliothèque a un fronton rempli de goût, et est orné de bonnes sculptures, dont les sujets sont tirés de la Bible : il mérite l'attention des amateurs.

J'aurais fait volontiers dessiner tous ces objets; mais cela est difficile, parce que les bons dessinateurs sont rares, et de plus très-chers. D'ailleurs presque tous les ouvrages grecs ou romains qui se trouvent en Italie, même de très-mauvais, ont été cent fois copiés et publiés; voilà pourquoi il serait plus important aujourd'hui pour l'histoire de l'art, surtout afin de connaître ce qui concerne le passage au christianisme, de faire dessiner tous les anciens monumens chrétiens; or, en Toscane, Arezzo est un des lieux qui en possède le plus.

Jusqu'à présent je n'ai trouvé en Italie aucune représentation chrétienne, n'importe de quel siècle, où l'on ne voie toujours le diable comme mauvais principe : il ne manque à aucune image de Madone, quand ce ne serait que pour servir d'ornement à l'escabeau, ou pour le former en partie, afin que la Vierge, assise avec l'Enfant Jésus, puisse fouler aux pieds le malin esprit : c'est ce que l'on voit dans le beau bas-relief de l'Adoration des Mages de l'église San-Pieve. Dans le Baptême de Notre-Seigneur par saint Jean, qui orne aussi cette église, le diable nage au-dessous de la surface du Jourdain.

Le 9 août dans la soirée, je partis d'Arezzo; et, après avoir fait un mauvais repas à Figline, où je dormis également très-mal pendant quelques heures, j'arrivai à Florence le 10 août, à neuf heures du matin.

DESCRIPTION DES PLANCHES.

3, *a, b.* Tête d'un vase semblable (*pag.* 37).

4, *a, b. Dito.* — *c.* Pendans d'oreilles en bronze (*pag.* 37).

5. Ornemens. *Voyez* pl. iii, fig. 7 (*pag.* 37).

Pl. VII.   Fig. 1, *a.* Vase; tiers de grandeur. *b.* Bouche du goulot. *c.* Tête de femme qui se trouve sur le col. *d, e.* Priape et tigre ornant alternativement le ventre du vase. *f.* OEil; il y en a un de chaque côté du goulot. (*c, d, e, f,* sont de la grandeur de l'original). Ces yeux, les membres et les pates du tigre, ainsi que des ornemens en forme d'ailes, sont simplement tracés à la pointe. L'anse de ce vase est ornée de la figure d'un guerrier cuirassé, semblable à celui de la pl. ix, fig. 1, (*pag.* 33, 34).

2. Ornemens de canettes semblables (*pag.* 37).

Pl. VIII.   Fig. 1, *a.* Vase en terre noire; tiers de la grandeur. *b.* Tête servant de couvercle; moitié de la grandeur (*pag.* 33, B, 34).

2, 3, *a,* 5, 6. Formes de calice; moitié de la grandeur (*pag.* 33, 34).

2, *b.* Tête de tigre ornant le pied du vase de la fig. 3, *a* (*pag.* 33).

4, Ornement des formes de calice; tigre et yoni (*pag.* 33, 34).

Pl. IX.   Fig. 1, 2, *a.* Figures ornant des anses de canettes (*pag.* 35).

2, *b.* Tête de Gorgone *pag.* (34).

3. Fragment d'un vase (*pag.* 34).

4, *a, b, c.* Ornemens tracés à la pointe; tous de la grandeur de l'original (*pag.* 37).

Pl. X.   Fig. 1, *a, b.* Fragment d'un vase; moitié de la grandeur (*pag.* 34).

2, Autre du même; grandeur de l'original (*pag.* 34).

3, Bas-relief en tuf; moitié de l'original (*pag.* 26).

Pl. XI.   Fig. 1, *a, b.* Figure debout en tuf; quart de la grandeur (*pag.* 25, 26).

2. Vase en terre noire avec la Chimère; tiers de la grandeur (*pag.* 21, 33, D, 34).

3. Fragment en terre noire; grandeur de l'original (*pag.* 34).

Pl. XII.   Fig. 1, *a.* Bas-relief en tuf. *b.* Moulure supérieure. *c.* Inscription étrusque qui s'y trouve; moitié de la grandeur (*pag.* 27).

2. Bas-relief en tuf; tiers de la grandeur (*pag.* 27).

Pl. XIII.   Sarcophage en terre cuite; tiers de la grandeur (*pag.* 27).

Pl. XIV.   Bas-relief d'un sarcophage étrusque en marbre; tiers de la grandeur (*pag.* 10).

Pl. XV.   Fig. 1, *a.* Miroir mystique en bronze. *b.* Inscriptions étrusques; grandeur de l'original (*pag.* 29).

2. Figure à quatre ailes en terre noire; grandeur de l'original (*pag.* 40).

3. Forme d'une jatte, sur un pied élevé; quart de la grandeur. Dans l'intérieur se trouve le double relief de la pl. iv, fig. 7 (*pag.* 33, *d*).

Pl. XVI.   Fig. 1, 2, 3. Figures en bronze. *a, b, c.* Détails (*pag.* 41, 42).

4. Tête de satyre servant d'ornement à une cruche en bronze; grandeur de l'original (*pag.* 28, *a*).

Tab. I.

Fig. 1.

a.　　　　b.

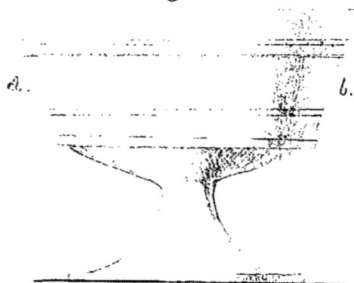

Fig. 2.

Fig. 3.

Fig. 4.

Fig. 5.

Fig. 6.

Fig. 7.

Fig. 8.

Fig. 9.

Fig. 10.

Fig. 11.

Tab. II.

Fig. 3.

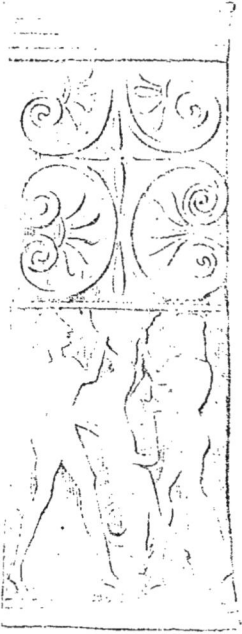

Fig. 1.
a.

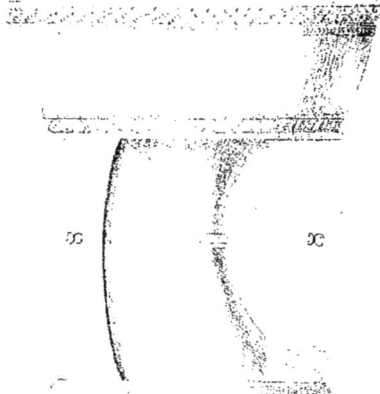

Fig. 2. a.

Fig. 1. b.

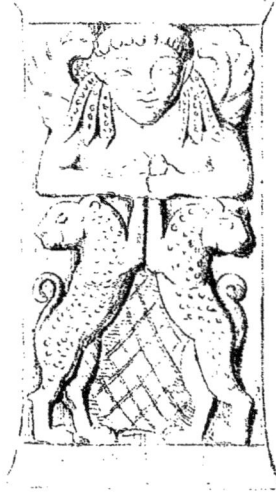

Fig. 2.
b.

Fig. 4.

Fig. 5.

Tab. III

Fig. 1. a.

Fig. 2.

Fig. 1. b.

Fig. 4.

Fig. 3.

Fig. 5.

Fig. 6.

Fig. 7.

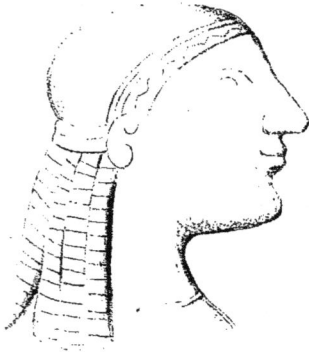

Tab. IV.

Fig. 1.

Fig. 2.

Fig. 3.

Fig. 4.

Fig. 5.

Fig. 6.

Fig. 7.

Fig. 8.

Fig. 9.

Fig. 10.

Fig. 11.

Fig. 12.

MHAMᐯYᚿ
ꓕꙅHO٦ꓘꟼ

Fig. 13.

ARᑕEMⴵIÓM

Tab. V.

Fig. 2.

Fig. 1.

Fig. 3.

Fig. 1.

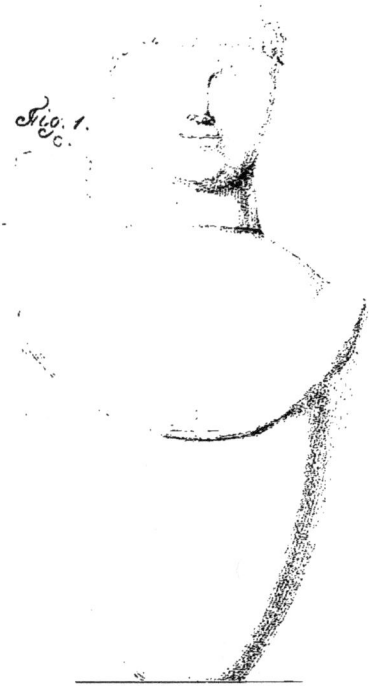

Fig. 1. b.

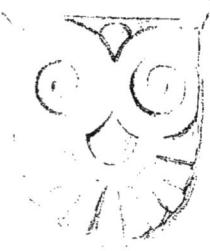

Fig. 3.

Fig. 4.

Tab. VI.

Fig. 1.
α.

Fig. 1.
c.

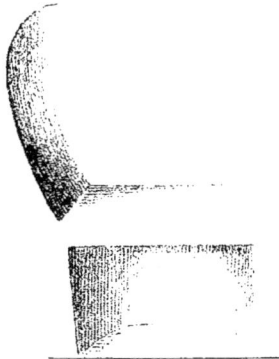

Fig. 2.
a.

Fig. 2.
b.

Fig. 1.
b.

Fig. 3.

α.

b.

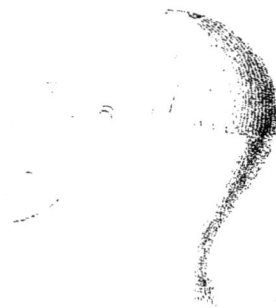

Fig. 2.
c.

Fig. 5.

α.

Fig. 4.

b.

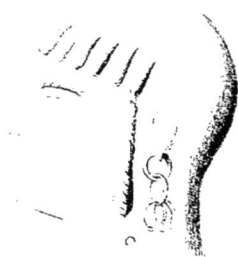

Fig. 4.
c.

Tab. **VII.**

Fig. 1.
a.

Fig. 1.
c.

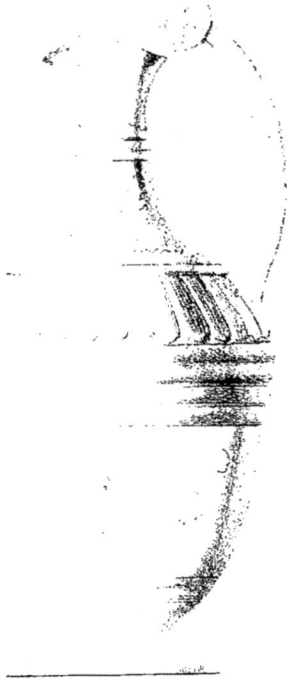

Fig. 1.
d.

Fig. 1.
f.

Fig. 1.
e.

Fig. 2.

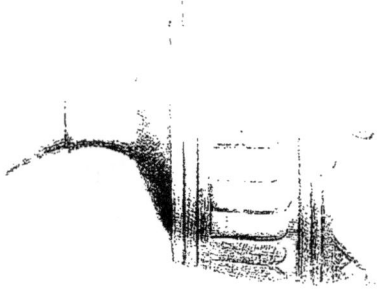

Fig. 2.

Fig. 3.

Fig. 4.

Fig. 4.

Fig. 3.

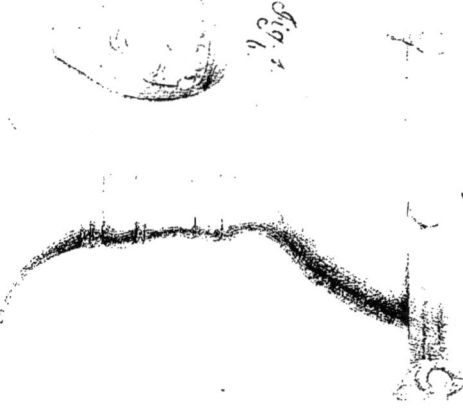

Fig. 6.

Fig. 5.

Tab. **IX**.

Fig. 1.

Fig. 2.
a.

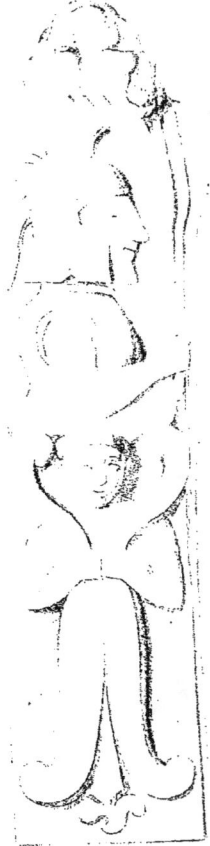

Fig. 3.

a.

Fig. 4.

c.

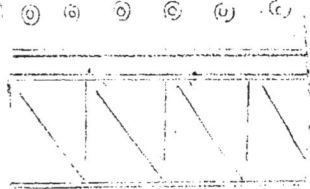

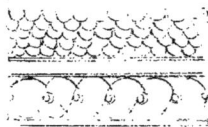

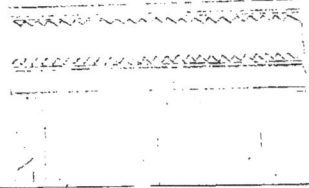

Tab. **X**

Fig. 1. b.

Fig. 1.

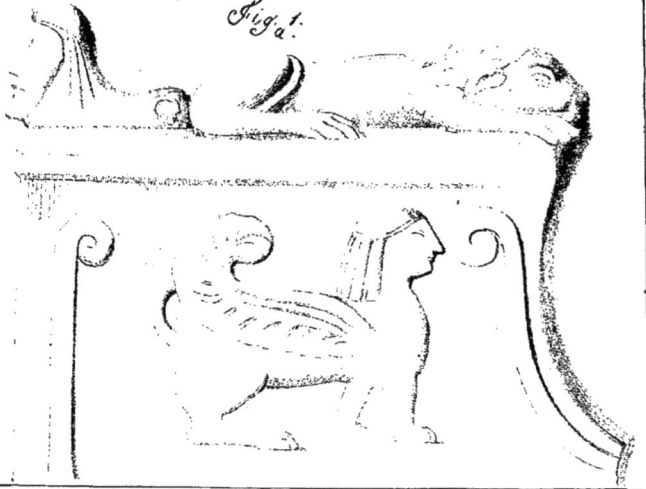

Fig. 2.

Fig. 3.

Tab. XI.

Fig. 3.

Fig. 2.

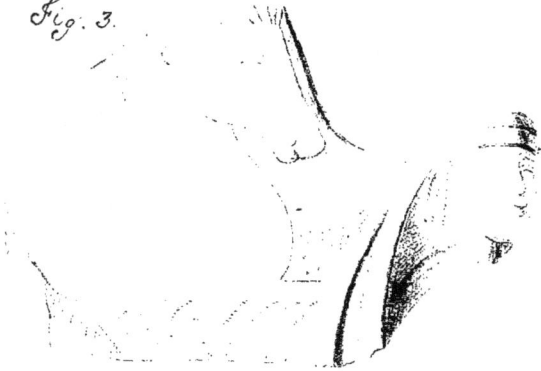

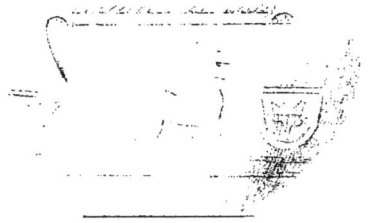

a.

b.

Fig. 1.

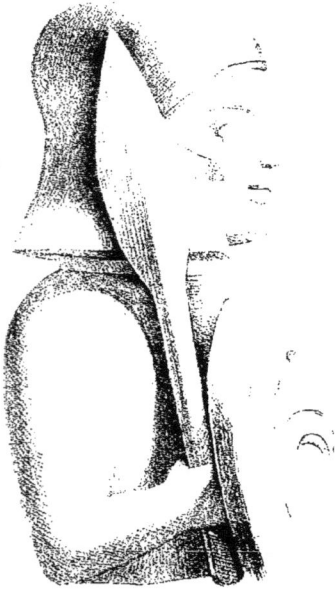

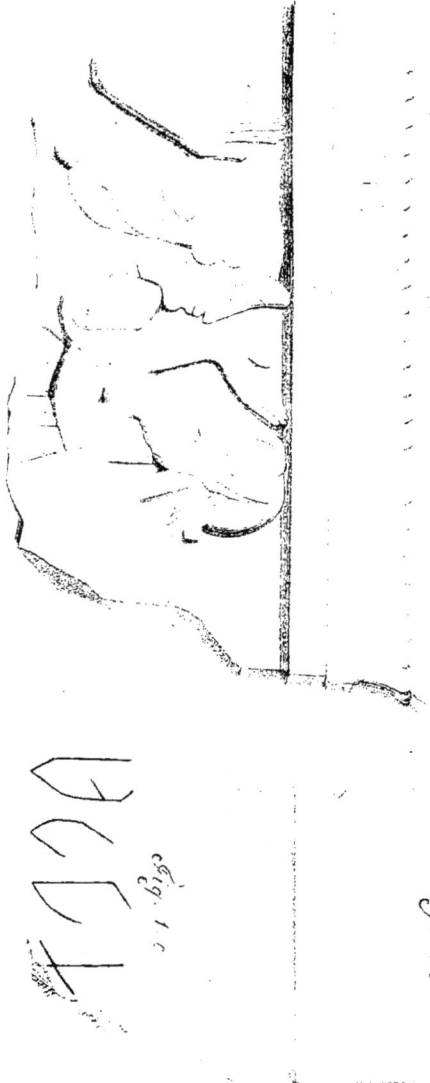

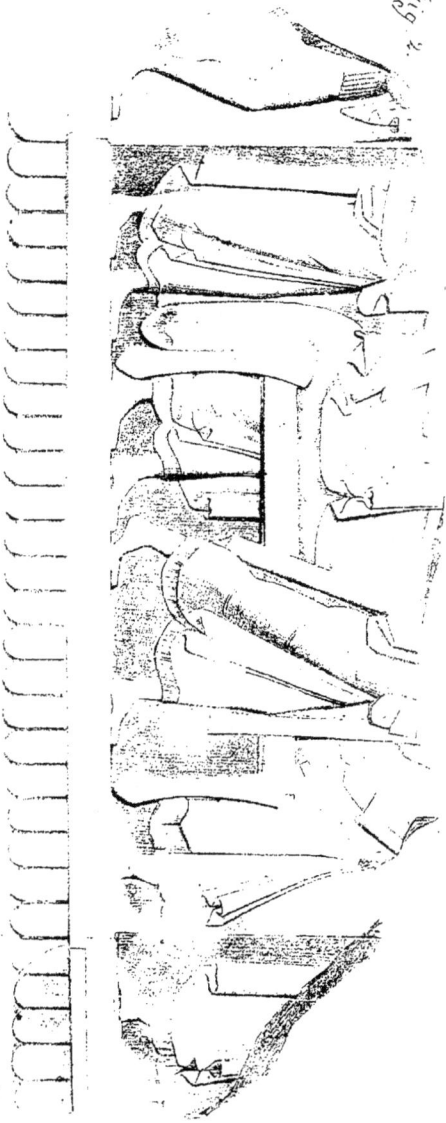

Fig. 1. 2.

Fig. 1. 1.

Fig. 2.

Fig. 3.

Tab. **XIII.**

Fig. 1. a.

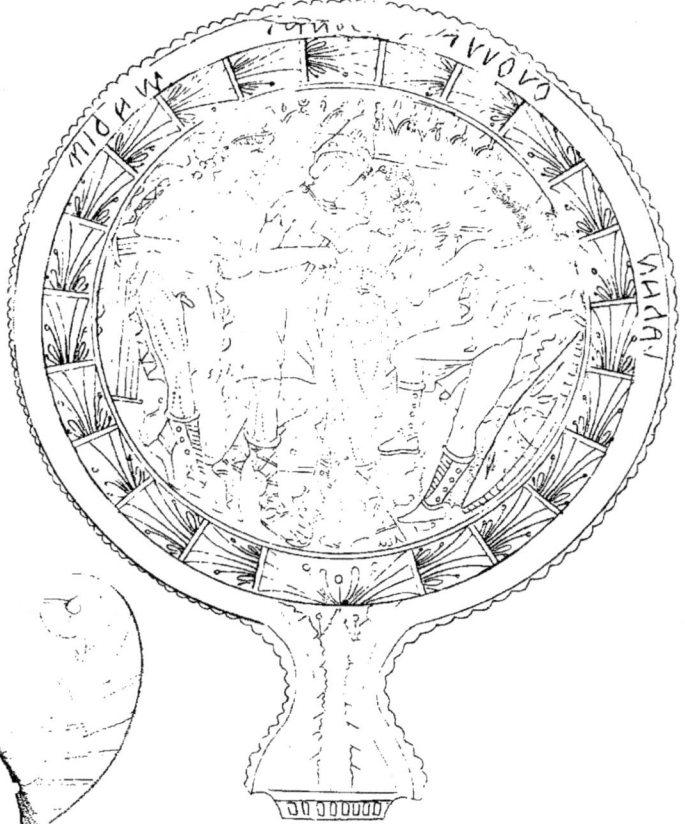

Fig. 1 b.

ᴡIᗡᴧᴧ
ƧᴧᴧᴠOƎᴧ ?
ᴧᴧᴠOᴧᴧ
ᴧᴧᗡᴧᴧ

Fig. 2.

Fig. 3.

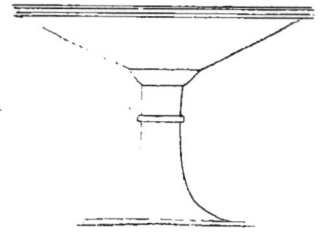

Tab. **XVI.**

Fig. 1. *b.*

o. c.

Fig. 2. *a.*

Fig. 2. *b.*

Fig. 2. *c.*

Fig. 3. *a.*

Fig. 3. *c.*

Fig. 4.

Fig. 3. *b.*

www.ingramcontent.com/pod-product-compliance
Lightning Source LLC
LaVergne TN
LVHW022022080426
835513LV00009B/840